Kreativ mit Gott

Verwandle Deine Herausforderungen in erfolgreiche Lösungen und bahnbrechende Ideen

Für alle, die kreativ ihren Horizont erweitern möchten.

Weitere Informationen, wie Du mit Gesetz der Anziehung Dein Leben erfolgreich gestaltest:

www.mein-gesetz-der-anziehung.de

Aus Gründen der besseren Lesbarkeit wird in diesem Buch nur die männliche Ausdrucksform verwendet, die als geschlechtsneutrale Form zu verstehen ist.
Selbstverständlich sind Frauen wie Männer in gleicher Weise gemeint.

Anmerkung zum Kapitel „Ursachen umdefinieren, um das Problem zu lösen": Ich konsultierte zu dieser Technik die aktuelle Standardliteratur, ob diese Technik schon bereits publiziert wurde, konnte jedoch nichts finden. Sollte ich etwas übersehen haben, so würde ich mich über die Möglichkeit zu einer Korrektur freuen.

Kreativ mit Gott

*Verwandle Deine Herausforderungen
in erfolgreiche Lösungen
und bahnbrechende Ideen*

Anne Djahi

Bibliografische Information der Deutschen Nationalbibliothek:

Die Deutsche Nationalbibliothek verzeichnet diese Publikation in der Deutschen Nationalbibliografie; detaillierte bibliografische Daten sind im Internet über http://dnb.dnb.de abrufbar.

© 2015 Anne Djahi

Herstellung und Verlag: BoD – Books on Demand, Norderstedt

ISBN: 9783734769061

www.mein-gesetz-der-anziehung.de
info@mein-gesetz-der-anziehung.de

Inhaltsverzeichnis

A Hinführung

Du bist jeden Tag kreativ – was Dich erwartet	9
Was heißt kreativ sein?	16

B Deine Persönlichkeit für den kreativen Erfolg

Hinterfragen ist Voraussetzung	19
Gewinne durch konstruktives Denken	23
Die Macht der Glaubenssätze	28
Finde zu Deiner Inneren Stimme	32
Falle nicht auf den Inneren Kritiker herein	37
Den Inneren Kritiker entwaffnen	42
Lerne das Gesetz der Anziehung kennen	45
Definiere Deine Lebensmission	53
Motiviere Dich selbst effektiv	58
Kreativblockaden erfolgreich überwinden	62

C Entwicklung der Deiner kreativen Fähigkeiten

Die besten Ideen kommen im Flow	73
Dein Kreativ-Prozess mit Gott	76
Probleme als Chancen sehen	81

Ursachen umdefinieren, um das Problem zu lösen 84

Entwickle kreatives Gespür 90

Lasse Deinen Gedanken freien Lauf 92

Hat Deine Idee Potential? 98

Ideen gelungen umsetzen 101

D Bewährte Kreativ-Methoden

Wie Kreativ-Methoden helfen 108

Klassisches Tüfteln 111

Kopfstandtechnik 114

Sechs Denkhüte 117

Morphologische Matrix 122

Besser Strukturieren durch Mindmapping 126

Analogiebrücke 129

Scamper 132

E Abschluss

Feedback-Gespräch 136

Ausblick auf eine kreative Gesellschaft 140

Abschließen und feiern 144

Über die Autorin

A Hinführung

Du bist jeden Tag kreativ – was Dich erwartet

Jeder von uns ist tagtäglich kreativ. Es ist uns nur nicht immer bewusst.

Wir räumen auf, wo kein Platz ist. Wir delegieren mit viel Überredungskunst anspruchsvolle Aufgaben an Kollegen, um in Urlaub zu fahren. Wir beschwichtigen verärgerte Kunden mit viel Fantasie, um sie nicht zu verlieren. Wir denken uns neue Spiele aus, um Streit zu schlichten zwischen unseren lärmenden Kindern.

Kreativität findet überall statt. Die eigene Kreativität zu verbessern, ist vergleichbar mit Laufen lernen und Tanzen. Wenn Du Laufen gelernt hast, dann kannst Du auch Tanzen lernen. Je mehr Zeit Du ins Tanzen investierst, desto mehr wirst Du verschiedene Schritte und Formationen erlernen und selbst erfinden.

Es stimmt also nicht, dass nur Kinder, Künstler oder „Genies" besonders kreativ sind. Denn was fürs Tanzen gilt, gilt auch für die Kreativität: Übung und Erfahrung macht den Meister und nicht allein angeborenes Talent.

Denn Kreativität ist nicht nur eine simple Begabung. Kreative Genies waren immer sehr fleißige Menschen, die sich trauten, auch Fehler zu machen und daraus lernten, wie es nicht geht, aber gehen kann. Auch sie produzierten somit viel „Ausschuss".

Kreativität braucht nichts weiter als unsere Lebenserfahrung und das neue Zusammensetzen von Strukturen und Elementen. So entsteht aus Altem etwas kreatives Neues. Kreativität setzt somit nur eines voraus: Offenheit für Neues und ein gerüttelt Maß an Ausdauer. Die Kunst ist es somit, gleichermaßen entspannt wie erwartungsvoll an die Herausforderung heran zu gehen.

So können gute Gedanken strömen und der Ideenfluss kommt in Gang.

Hilfreich sind:

- Neugier gegenüber Ungewöhnlichem
- Fragen, die heraus fordern oder unbequem erscheinen, Tabus ansprechen
- Begrenzungen aller Art: Not macht erfinderisch.
- Vernetztes Denken: Offenheit für Erfahrungen aus anderen Wissensbereichen

Was ist aber nun das Geheimnis beständiger Kreativität? Schließlich gelingt es nicht, jeden Tag einfach so den perfekten Moment zu haben, um spontan kreativ zu sein.

Hier hilft ein Blick auf die Arbeitsweise kreativ erfolgreicher Menschen.

Kreativen Menschen gelingt es immer wieder, sich in die richtige Stimmung zu versetzen. Sie nutzen die Kraft des Flow-Erlebens. Flow, auf Deutsch „Fluss" oder „Fließen", ist nichts anderes, als das völlig entspannte und versunkene Aufgehen in einer Tätigkeit

In diesem Training zeige ich Dir auf, wie Du Dich regemäßig in den Flow begibst und somit die Freude und den kreativen Tatendrang in Gang setzt.

Erfolgreiche wie auch kreative Menschen nutzen darüber hinaus auch die Weisheit ihrer Inneren Stimme. Wie dies möglich ist, wird ebenfalls in diesem Buch aufgezeigt. Du wirst Deine Innere Stimme kennen lernen und wissen, dass Du ihr vertrauen kannst.

Viele Wege führen zu kreativen Lösungen

Ein weiteres Geheimnis erfolgreichen kreativen Handelns ist, dass kreative wie auch erfolgreiche Menschen meistens ein Problem nicht auf einen Schlag lösen. Sondern sie gehen schrittweise vor. Man kann dies auch als systematisches Tüfteln bezeichnen.

Im Kapitel „Klassisches Tüfteln" stelle ich Dir diese Methodik vor, sodass Du Dir dies als Systematik aneignen kannst. Sie kann zu einer Gewohnheit werden, je öfter Du sie anwendest. So können gute Ideen entstehen.

Der erfolgreiche Erfinder Thoma Alpha Edison arbeitete auf diese Weise. Er erfand die Glühbirne nicht einfach aus dem Bauch heraus, sondern er entwickelte die damals bereits bekannte Bogenlampe einfach weiter. In tausenden Versuchen forschte er zusammen mit seinem Team systematisch nach Verbesserungen, bis er das gewünschte Endergebnis gefunden hatte. Seine Vision war: Die

Glühlampe sollte so preiswert sein, dass nur Reiche es sich leisten könnten, Kerzen anzuzünden.

Seine Strategie war es, grundsätzlich nur Dinge zu erfinden, die auch gebraucht wurden und Lösungen auf Probleme darstellten, die die Bevölkerung hatte. Edison war zudem auch im Marketing erfolgreich. Um die Glühbirne in der Bevölkerung bekannt zu machen, organsierte er jahrelang aufwendige öffentliche Lichtvorführungen ab dem Jahr 1879 in den USA.

Ich darf Dich aber an dieser Stelle ermutigen: Heutzutage gibt es noch eine Vielzahl anderer Methoden, um für ein Produkt oder eine Dienstleistung zu werben. So hat dieses Training sehr wahrscheinlich über das Internet zu Dir gefunden. Das Internet bietet mittlerweile fantastische Möglichkeiten, um sich bekannt und die eigenen Produkte bekannt zu machen und sich mit anderen Interessierten auszutauschen.

Kreativität macht Spaß, wenn man wiederholt Erfolg hat. Und das ist möglich: Kreativität kann man systematisch fördern und Ideen systematisch entwickeln, die zum Erfolg zu führen.

Was Dich in diesem Buch erwartet

Zunächst einmal herzlichen Glückwunsch – Du hast Dich entschieden, Deine Kreativität zusammen mit Gott weiter zu entwickeln. Dafür wünsche ich Dir viel Erfolg, viel Freude und sensationelle Ideen!

Wie Du weißt, hat die Bedeutung von Kreativität überall im öffentlichen wie privaten Leben zugenommen. So ist zum

Beispiel der Innovationsdruck für Selbstständige wie für Unternehmen erheblich angestiegen, um sich am Markt gut positioniert zu halten. Aber auch die eigene Persönlichkeit ist immer mehr gefordert, wenn es darum geht, in einer zunehmend komplexeren Welt adäquat auf Anforderungen zu reagieren.

Dafür ist immer wieder Kreativität gefordert, um Arbeitsprozesse, Produkte oder Dienstleistungen jeweils auf den neuesten Stand zu bringen oder gänzlich neu zu entwickeln. Ebenso sind im Privatleben findige Lösungen für schwierige Situationen immer wieder gefordert.

Die Frage ist nun, wie wir mit Gott diesen Anforderungen begegnen können. Nun es ist so, dass Gott uns einen Verstand und den Sinn für Kreativität geschenkt hat. Um mit Gott kreativ zu werden, ist es sinnvoll seine Gesetze für unser Leben kennen zu lernen, die in diesem Buch vermittelt werden. Du wirst erfahren, dass Kreativität weniger geheimnisvoll ist, als man vermuten könnte.

Allgemein sei gesagt, dass beständige Kreativität und innovatives Denken unser Dasein zukunftssicherer und lebenswerter machen. Denn Kreativität bewirkt, dass wir wandlungsfähig bleiben und effizient auf den Wandel der Verhältnisse reagieren können. Und wenn wir mit Gott an unserer Seite unseren Weg gehen, dann sind wir stets auf der sicheren Seite.

Jedoch kann kreatives Denken uns herausfordern und etwas Mut abverlangen. Denn oft müssen wir dabei über unsere eigenen Grenzen gehen. Zudem bleiben Fehler nicht aus, die nun mal zum kreativen Prozess gehören.

Daher sind Leidenschaft und Freude am Neuen eine gute Voraussetzung, um auch bei Durststrecken durchzuhalten. Methodisches Wissen, das Dir in diesem Training vermittelt wird, gibt Dir Techniken an die Hand, wie Du systematisch gute Ideen entwickelst und umsetzen kannst. Das ist der Schlüssel für Deine Kreativität mit Gott, der Dir in diesem Buch vermittelt werden soll. So kannst Du Deine Herausforderungen in erfolgreiche Lösungen verwandeln.

Wie Du siehst, ist dieses Buch in viele Einzelkapitel unterteilt. Der praktische Gedanke dahinter ist, dass es sich leichter lernt in kleinen Portionen. Daher sind die einzelnen Kapitel in kleinere Tageseinheiten unterteilt, um den Inhalt dieses Buches möglichst stressarm zu gestalten.

Sie können an einem Tag durchgearbeitet werden, müssen es aber nicht. Denn wie wir alle immer wieder erfahren, lassen uns die täglichen Aufgaben des Alltags oft nur wenig Zeit und Kraft, um sich auf extra Dinge zu konzentrieren. Setze Dich daher nicht unter Druck, wenn es langsamer geht. Sondern versuche, Deinen eigenen Lernrhythmus zu finden, der Dir liegt. Mit der Zeit wirst Du immer mehr ein Gespür für das Ganze entwickeln. Auch wenn Du vielleicht das eine oder andere Kapitel wiederholst.

Du kannst somit eine Methodik kennen lernen, mit der Du systematisch gute kreative Ergebnisse herstellen kannst.

Eine Frage, die sich stellen mag, ob dieses Training auch für nicht christlich gläubige Menschen möglich ist. De Antwort ist ganz klar ja! Einfach gesagt, Gott freut sich, wenn wir zu ihm kommen und bis dahin wartet er mit Langmut und Sehnsucht nach uns.

Eine Erfolgsgarantie für dieses Training kann ich nicht geben, da der Erfolg in erster Line von Dir selbst abhängt. Dieses Buch will Dir jedoch dabei helfen.

Wichtig ist auch, dass Dir das Lesen und Lernen Freude macht und Dich hoffentlich begeistert. Denn mit Begeisterung und guter Laune lernt es sich meistens am besten.

Ich wünsche Dir viel Erfolg und jede Menge guter Ideen!

Anne Djahi

März 2015, Freiburg im Breisgau

Was heißt kreativ sein?

Der Begriff der Kreativität entstand aus dem lateinischen Wort „creare" und hat die Bedeutung, etwas neu zu schöpfen, zu erfinden, zu erzeugen oder herzustellen. Es kann aber auch die Bedeutung von Auswählen haben.

Jedoch mag dieser Begriff etwas irreführen, da im kreativen Prozess eigentlich in erster Linie nicht etwas Neues wie aus dem Nichts erschaffen wird. Sondern Kreativität ist meistens eine neue und andere Anordnung von Elementen und Strukturen.

Allein schon, wenn nur ein Detail verändert wird, kann etwas signifikant Neues entstehen. So zum Beispiel in der Pharmazie: Wenn ein Wirkstoff für ein Medikament in seiner Struktur nur leicht verändert wird, kann ein komplett neues Medikament entstehen, das ganz andere Krankheiten heilt!

Kreativität findet somit statt, wenn aus bereits Vorhandenem neue Strukturen geschaffen werden. Daher ist Kreativität nicht mit Produktivität zu verwechseln, bei der rein quantitativ Neues geschaffen wird. Kreativität schafft jedoch qualitativ Neues und erzeugt einen neuen Sinngehalt.

Ein Beispiel: Wenn Du in einen fast leeren Kühlschrank blickst und aus den Resten eine leckere Mahlzeit kochst, dann bist Du kreativ. Wenn daraus ein völlig neues Gericht entsteht, das sich vermarkten lässt, dann wäre das sogar eine Innovation.

Wie Du siehst, ist Kreativität auch im ganz profanen und alltäglichen Leben zu finden.

Nutze Deine Unzufriedenheit

Kreativität entsteht oft aus einer Art Not heraus. Wenn alles im Überfluss vorhanden ist und wir total zufrieden mit uns selbst und unserer Umwelt sind, dann sind wir selten kreativ. Denn Unzufriedenheit mit dem aktuellen Zustand ist die Triebkraft für Kreativität und der erste Schritt in Richtung gute Ideen und Lösungen.

Diese Unzufriedenheit mit dem bereits Bestehenden kann also sinnvoll genutzt werden, um erstaunliche Ideen hervorzubringen.

Daher, wenn Du mal wieder schlecht gelaunt bist, ärgere Dich nicht, sondern nutze diese Energie, um in Deinem Leben so manches zu verändern. Schmerz gehört zum Leben dazu und bedeutet nicht, dass Du versagt hast. Denn auch wenn Kreativität das Leben sehr bereichert – sie kann auch sehr anstrengend sein.

Der Hauptgrund hierfür ist wohl, dass wir immer wieder über Grenzen gehen müssen, um Neues zu in uns und unserer Umwelt zu erschaffen. Kreatives Denken ist das Ausbrechen aus gewohnten Denkstrukturen, die wir haben, bzw. aus Gewohnheiten. Gewohnheiten, die entstanden sind, um unser Leben über Routinen zu vereinfachen. Denn wir Menschen neigen bekanntlich zur Bequemlichkeit. Was jedoch seinen Sinn hat, denn sonst müssten wir uns ständig davor selbst bewahren, über die Stränge zu schlagen.

Kreativität ist also unserem freien Willen unterworfen. Sie unterscheidet den Menschen vom Tier, das eher instinktgeleitet ist. Tiere erschaffen keine Kunstwerke wie der Mensch. Tiere hinterfragen auch nicht ihre Existenz oder ihr Tun. Sie erfreuen sich einfach am Leben.

Wieviel mehr, da wir den freien Willen haben, sollten wir dankbar sein für die Fähigkeiten, die uns Menschen von Gott mitgegeben sind.

Ich möchte Dich an dieser Stelle ermutigen, diese Herausforderung anzunehmen. Was auch immer Deine persönlichen oder privaten Probleme sind – Du hast die kreativen Gabe, um diese Herausforderungen erfolgreich zu meistern und in hilfreiche Lösungen zu verwandeln!

B Deine Persönlichkeit für den kreativen Erfolg

Hinterfragen ist Voraussetzung

Stell Dir eine Welt ohne Fragen vor: Wäre Leben für uns Menschen überhaupt möglich? Hätte die Evolution uns als geistiges und kulturelles Wesen überhaupt hervor bringen können? Oder säßen wir noch auf den Bäumen?

Auch ganz anders gefragt: Würde Gott wirklich ein Wesen erschaffen, das sich nicht frei für ihn entscheiden kann, weil es nicht versteht, was der Unterschied zwischen göttlich und weltlich ist?

Die Geschichte der Entwicklung des Menschen zeigt, dass Hinterfragen somit lebensnotwendig für uns ist, um sich immer wieder flexibel auf neue Lebenssituation einzustellen. Denn Fragen regen ganz neue und ungewohnte Denkprozesse an. Durch Fragen erschließen wir uns neue Wege und Möglichkeiten. Es ist effizienter, eine unbequeme Frage zu stellen, um gezielt ein Problem anzugehen, als wahllos herum zu suchen und auf einen passenden Zufall zu warten.

Oder wiederum anders gesagt: Gott hat uns einen freien Verstand gegeben, damit wir nicht blind ihm folgen müssen, sondern ihn aus freien Stücken heraus lieben können und mit ihm Gutes erschaffen.

Doch leider haben viele von uns schon in der Kindheit gelernt, dass unbequemes Fragen von vielen Menschen im Alltag allzu schnell als Misstrauen gewertet wird.

Daher haben wir oft gelernt, nicht kritisch sein zu sein oder kritisch sein zu dürfen. Denn zu oft wird kritisches Denken mit abwertendem Verhalten oder Verurteilen gleichgesetzt oder verwechselt. Und weil wir uns selbst nicht ausgrenzen wollen, passen wir uns eben an und verzichten stattdessen aufs Hinterfragen.

Das Hinterfragen wagen statt durch Anpassungsdruck Chancen verpassen

Vielleicht könnte ein Kompromiss helfen. Es mag Zeiten und Situationen geben, da mag es besser sein, sich in Stillschweigen zu üben. Sollen sich doch jene abmühen, die das kritische Fragen gleich ganz verbieten wollen.

Aber es kann auch Situationen geben, da ist das Stellen von Fragen unverzichtbar. Dann ist es sinnvoll, genau das Risiko abzuwägen und auch als kalkuliertes Risiko einzugehen.

Zudem ist es hilfreich, sich den Unterschied zwischen Re-Agieren und Agieren bewusst zu machen. Meistens reagieren wir im Alltag auf Anforderungen und agieren nicht. Wenn aber wir es sind, die die ersten Impulse setzen, dann haben wir gute Chancen auf den weiteren Prozess Einfluss zu nehmen.

Dazu gehört auch, dass wir nicht unreflektiert die Meinung anderer übernehmen. Sondern stattdessen andere Wege gehen, um uns gute Chancen zu ermöglichen und eigene Wege zu verfolgen.

Was ist wichtig für hinterfragendes Denken?

Interessiere Dich für alles Mögliche, was Dein Interesse weckt! Mache Erfahrungen auch in Lebensbereichen, die nicht zu Deinem Alltag gehören. Alles, was Du benötigst ist etwas Spaß und Neugier an der Sache. Je bunter Dein Wissen und Deine Erfahrungen werden, desto vernetzter denkst Du und desto besser kann sich Deine Kreativität entfalten.

Um auf ganz einfache Weise effektiv zu hinterfragen, helfen folgende drei Fragen:

WAS bewirkt es?

WIE funktioniert es?

WEM dient es?

Wenn Du Dir immer wieder diese drei Fragen stellst, dann wirst Du auf ganz neue Gedanken und Ideen kommen. Sie trainieren somit nicht nur Deinen kritischen Verstand und das konstruktive Hinterfragen, sondern sie schaffen auch gute Voraussetzungen für neue Assoziationen.

Denn neue Assoziationen sind nichts anders als Verknüpfungen in Deinem Gehirn zwischen Nervenbahnen, die vorher noch nicht da waren. Wie schon zuvor im Text gesagt, je verknüpfter und vernetzter Dein Gehirn ist, desto kreativer kannst Du sein.

Die Erfahrung vieler zeigt:

Du erhältst mehr Lebensqualität, wenn Du über Wissen und Lebenserfahrung in vielen Bereichen des Lebens verfügst. Nehme Dir also die Zeit auch einmal einem unbekannten Thema nachzugehen und scheue nicht die Fragen, die sich daraus ergeben. Sie können Dich auf ganz neue Gedanken bringen.

Gewinne durch konstruktives Denken

Heute möchte ich Dir den Begriff „konstruktiv" näher bringen und welche Rolle er in unserem Leben spielen kann.

Zunächst einmal – konstruktives Denken ist nicht mit positiven Denken gleichzusetzen. Denn es gibt einen wesentlichen Unterschied zwischen beiden.

Hier ein Beispiel:

Ein Dieb begeht einen Einbruch. Er mag für sich selbst eine positive Absicht verfolgen, da ja er Beute machen möchte, um sie danach zu Geld zu machen.

Aus subjektiver Sicht heraus betrachtet, mag es also positiv sein für den Dieb, einen Einbruch zu begehen. Objektiv gesehen ist es aber nicht positiv, da er damit einen anderen Menschen schädigt. Konstruktiv (nicht konstruktivistisch) wäre es hingegen, wenn er gefasst werden würde, denn dann würden sehr wahrscheinliche weitere Verbrechen verhindert werden. Das sollte auch im Interesse des Diebes sein, der hoffentlich somit die Möglichkeit erhält, sein Verhalten zu bereuen und zu ändern.

Konstruktives Handeln dient somit immer allen Menschen zugleich: Der Gesellschaft wie dem Einzelnen, im Allgemeinen wie im Konkreten und in der Gegenwart wie in der Zukunft.

Was aber ist nun der Unterschied zum positiven Denken?

Konstruktives Verhalten zieht immer gute Folgen nach sich. Positives Verhalten jedoch kann auch negative Folgen haben. Denn es gibt noch einen weiteren Aspekt, der zu beachten wäre, was „stures" positives Denken bedeutet.

Es ist ein Aspekt, den man nicht unberücksichtigt lassen sollte: Die geistliche Ebene hinter der psychischen Ebene.

Denn obwohl die psychische Ebene positiv sein mag, kann die geistliche Ebene dahinter negativ sein mit teilweise katastrophalen Folgen.

Ein Beispiel: Ein an Krebs erkrankter Mensch affirmiert jeden Tag viele Male die Sätze: Ich bin absolut gesund. Mit jedem Tag werde ich stärker und fitter.

Und tatsächlich geschieht das kaum zu Glaubende: Alle Metastasen verschwinden und das Krebsgeschwulst ist ebenfalls nach einigen Wochen so zurückgegangen, dass es nicht mehr gefunden wird. Der Patient empfindet zudem eine neu gewonnene Stärke, die er vorher nicht kannte.

Dies geschieht alles auf der psychisch-physischen Ebene. Auf der physischen Ebene geschah Heilung. Auf der psychischen Ebene geschah sie vermeintlich auch. Auf der geistlichen Ebene kann jedoch folgendes geschehen sein: Mit dem Wunsch gesund zu werden, begab sich der Patient tiefer in die ihm unbewusst bekannte geistliche Ebene hinein, die jedoch – meistens unbeabsichtigt – dem Gegner Gottes (Satan) zugewandt ist. Dies kann geschehen, obwohl der Patient positive Absichten hat. Aber da er zuvor schon unbewusst geistlich falsch ausgerichtet war, kam es zu einer Heilung durch dämonische Kräfte. Denn der Gegner Gottes kann auch heilen, um uns zu verführen.

Es ist somit keine böse Absicht des Betroffenen. Sondern durch eine ungünstige Erziehung der Eltern, durch geistlich verführte Leiter in Gemeinden oder durch Traumatisierungen geschieht eine falsche geistliche Ausrichtung.

Auf der psychischen Ebene mag alles gut aussehen, aber dahinter kann sich entweder eine gute geistliche Realität verbergen oder eine dämonische. Beide zu unterscheiden – das wird nicht Thema dieses Trainings sein, da es den Rahmen sprengen würde.

Wie kann man geistliche Verirrung vermeiden?

Es ist die angstfreie Dankbarkeit! Wir können nur Gott gegenüber auf Dauer angstfrei dankbar sein. Wenn also immer noch leichtes Unbehagen oder Unsicherheit im Glauben bestehen, dann kann es sein, dass wir noch nicht ganz zu Gott gefunden haben.

Es kann zum Beispiel aber auch sein, dass uns noch Schuldgefühle plagen, weil es noch Menschen gibt in unserem Leben, denen wir für ungutes Handeln uns gegenüber noch nicht vergeben haben.

Wie auch immer, konstruktives Denken und Handeln führen Dich zu Gott. In der Praxis bedeutet dies, mit ungeteilten Herzen Gott zu suchen.

> Ihr werdet mich suchen und finden. Denn so ihr mich von ganzem Herzen suchen werdet, so will ich mich von euch finden lassen, spricht der Herr. (Jeremia 29,13-14a Lutherbibel 1912)

Viele psychologische Ansätze und Glaubenssysteme sprechen zwar vom positiven Denken, mit dem das alltägliche Leben psychisch gut bewältigt werden soll. Denn die meisten von ihnen gehen davon aus, dass positive Denkgewohnheiten immer zum gewünschten Erfolg führen. Aber wie Du oben angeführt siehst, ist es eben nicht immer so einfach.

Denn die positiven Denkansätze in der Psychologie und Theologie berücksichtigen erfahrungsgemäß nicht die geistliche Ausrichtung, die sich hinter der psychischen Ebene verbirgt. So kommt es dann vor, dass man positiv eingestellt sein mag, ohne sich aber der geistlichen Realität dahinter bewusst zu sein. Denn wenn die geistliche Ausrichtung dahinter nicht stimmt, dann wird unser Verhalten letzten Endes zu weniger guten Ergebnissen führen.

Daher mein Rat: Danke Gott für das Gute, das Du schon erhalten hast und ebenso für das Gute, das Du noch erhalten wirst. Mehr dazu findest Du im Kapitel: „Lerne das Gesetz der Anziehung kennen".

Was aber nun ist geistlich? Ein anderer Begriff hierfür ist spirituell oder jenseitig. Nun mag nicht jeder dem zustimmen, dass es diese Dimension des Seins überhaupt gibt. Das ist also Ansichtssache. Denn die geistliche Dimension konnte noch nie wissenschaftlich nachgewiesen werden. Zwar gibt es metaphysische Phänomene wie Telepathie, Telekinese oder Nahtoderfahrungen, die auch wissenschaftlich untersucht wurden mit erstaunlichen Ergebnissen. Aber diese Untersuchungen müssen nicht zwingend auf eine geistliche Realität hinweisen.

Es bleibt also Glaubenssache, ob Du Gott und der geistlichen Dimension Vertrauen schenkst oder nicht. Aber ich kann Dich nur dazu ermutigen, denn es ist der einzige Weg zu einem Leben in Ewigkeit.

Wenn Du also mit Dankbarkeit, dass Gott Dir das Leben geschenkt hat, ihn von ganzen Herzen suchst, dann wirst Du die richtige geistliche Ausrichtung finden.

Wenn Du Dein logisches Denken viel mehr in Richtung „konstruktiv" als „positiv" ausrichtest, dann hast Du darüber hinaus alle Chancen dazu. Ein anderer Begriff dafür ist auch der gesunde Menschenverstand und der Blick auf das Wesentliche im Leben.

Alle diese Prinzipien zusammen können uns den Weg zu einer gelungen Kreativität mit Gott weisen. Nicht zuletzt auch, wenn wir den täglichen Herausforderungen mit sinnvollen Lösungen begegnen wollen.

Die Macht der Glaubenssätze

Wir Menschen haben täglich etwa 60 000 verschiedene Gedanken. Rund 95 Prozent davon laufen unbewusst ab. Zum Glück kann man nur sagen. Denn sonst würden wir wohl in einer Gedankenflut ertrinken.

Die meisten Gedanken sind positiv, also lebensbejahend. Jedoch gibt es auch Gedanken, die uns ausbremsen können oder sogar ganz blockieren. Auch sie können zu Glaubenssätzen werden, die uns dann das Leben schwer machen können.

Was sind Glaubenssätze?

Glaubenssätze sind ein Filter unserer persönlichen Realität. Das ist zum einen unsere äußere Umwelt. Und zum anderen ist es unsere innere Welt, also unsere eigenen Erinnerungen, die in uns tagtäglich aufsteigen. Beide Realitäten durchlaufen diesen Filter, der durch unsere Glaubenssätze maßgeblich mitbestimmt wird.

Glaubenssätze haben eine enorme Macht. Denn sie bestimmen, was wir von der uns umgebenden Umwelt überhaupt bewusst und unbewusst wahrnehmen. Glaubenssätze sind in uns verankerte Einstellungen, die unser Denken, Fühlen und Handeln maßgeblich mitbestimmen. Jeder hat sie, ob sie ihr oder ihm nun bewusst sind oder nicht. Darüber hinaus spielt es keine Rolle, ob sie einer objektiven Wahrheit entsprechen oder einem Irrtum unterliegen. Was wir glauben, halten wir für wahr: Im Guten wie im Schlechten.

Glaubenssätze sind in unserer Vergangenheit entstanden. Sie sind Interpretationen früherer Erfahrungen und entwickeln sich meistens in extremen Situationen. Das können gute Erfahrungen wie auch schlechte sein. Wir verallgemeinern dann die gemachten Erfahrungen zu einfachen Leitgedanken, um die Bewältigung des täglichen Lebens so einfach wie nur möglich zu gestalten. So können wir in jeder neuen Situation schnell und zielgerichtet handeln. Der Erfolg lehrt uns dann, dass wir diesen Leitgedanken Glauben schenken können und so verfestigen sie sich dann zu Glaubenssätzen.

Ganz egal ob sie positiv oder negativ sind – das Bedeutsame ist, dass sie genau das in unserem Leben anziehen, was sie aussagen. Daher ist es so wichtig, die richtigen Glaubenssätze zu wählen.

Zum Beispiel wenn sie konstruktiv formuliert sind, dann ziehen sie Konstruktives in unser Leben. Sind sie jedoch negativ formuliert, so ziehen sie eben Negatives in unser Leben.

Erschwerend kommt noch hinzu, dass wir – auch zumeist unbewusst – alles tun, um unsere Glaubenssätze wieder neu zu bestätigen, damit uns unser Verhalten gut und richtig erscheint.

So kann es dann geschehen, dass wir uns oft kontraproduktiv verhalten und uns selbst ausbremsen, wenn wir die falschen Glaubenssätze geformt haben. Und wir wissen dann nicht einmal, warum wir so handeln.

Die gute Nachricht: Glaubenssätze können geändert werden

Du kannst jedoch Deine Glaubenssätze, vor allem auch die negativen, ändern. Ein wichtiger Rat hierzu ist: Die alten Glaubenssätze zu identifizieren, ist oft sehr schwierig und kostet zudem unnötig viel Kraft und Zeit. Meist gelingt das erst im Rückblick, wenn wir sie überwunden haben durch die Bildung von neuen Glaubenssätzen.

Mein Rat hierzu: Konzentriere Dich lieber auf die Bildung von neuen und konstruktiven Glaubenssätzen, welche die alten „verdrängen". Dies ist viel leichter und effektiver, als zu versuchen, die alten Glaubenssätze erst zu identifizieren und dann zu verändern.

Um einen neuen Glaubenssatz in Dir bewusst und unbewusst zu verankern, musst Du ihn täglich immer wieder neu anwenden. Es muss nicht unbedingt ein ganzer Satz sein. Es kann ein Lebensprinzip oder ein Lebensmotto verwandt werden. Den richtigen Glaubenssatz zu finden, hat viel mit Lebenserfahrung zu tun. Überlege Dir, welchen Werten und Prinzipien Du Vertrauen schenkst. Manchmal bleibt auch nichts anderes übrig, als verschiedene auszuprobieren.

Hilfreich ist es jedenfalls, wenn man diese so kurz wie möglich formuliert und sie sich in herausfordernden Situationen immer wieder, laut oder in Gedanken, vorsagt.

Mit der Zeit formt sich daraus dann eine Gewohnheit und diese kann zu einer festen Lebenseinstellung werden. Diese wird Dich dann durch den Alltag begleiten und kann sogar mittel- und langfristig rückwirkend das Verständnis für bereits gemachte Erfahrungen entscheidend verbessern, was zu mehr Lebensqualität führen kann.

Denn man kann diesen Vorgang in Deinem Gehirn mit frischen Spuren im Schnee vergleichen. Wenn es neu geschneit hat, dann sieht man hinterher nur die zuletzt hinterlassenen Spuren. Das sind Deine sich wiederholenden Gedanken. Die alten Spuren sind überdeckt. Wenn Du jeden Tag denselben Weg erneut gehst, vertieft sich diese Spur immer mehr. Es wird ein fester Weg daraus.

So bilden sich auch neue Glaubenssätze, die die alten Glaubensätze „überschreiben". Du hast es also selbst in der Hand, welche Gedanken Dich durch den Alltag begleiten. Wähle daher die für Dich konstruktivsten Glaubensätze. Denn sie werden Dein Leben entscheidend mitbestimmen!

Finde zu Deiner Inneren Stimme

Kennst Du folgende Situation? Du stehst vor einer schwierigen Entscheidung und einige Deiner Freunde raten Dir, einen bestimmten Weg zu gehen. Aber Du weißt innerlich, dass er der falsche ist. Und obwohl ein anderer als der schwierigere erscheint, spürst Du mit Gewissheit in Deinem Inneren, dass dieser der richtige ist.

So ist der gesamte Alltag. Den ganzen Tag lang müssen wir immer wieder Nein- oder Ja-Entscheidungen treffen.

Um richtig zu wählen – dabei kann uns die Innere Stimme hilfreich zur Seite stehen.

Denn es gibt einen besonderen Unterschied. Während viele Menschen der Meinung sind, dass das Leben nun mal kein Zuckerschlecken sei und man sich den Verhältnissen anpassen und unterordnen müsse, haben andere hingegen gelernt, mit fröhlicher Tatkraft und Selbstvertrauen die Dinge anzupacken und gut gelaunt umzusetzen und den Erfolg zu genießen.

Wie kommt das? Die Antwort könnte sein, dass es viel mit dem zu tun hat, was uns in der Kindheit an Werten vermittelt wurde. Diese Werte und Lebensprinzipien haben wir dann als Glaubenssätze verinnerlicht und demgemäß gehen wir mit Lob und Kritik um.

Um aber die richtigen Entscheidungen gemäß Gottes Willen zu treffen, hilft uns die Innere Stimme. Sie ist die Stimme des Heiligen Geistes in uns. Wenn wir sie wahrnehmen als eine innere Zuversicht, dann wissen wir, dass Gott zu uns spricht. Der Heilige Geist wurde uns von Gott gegeben als

Tröster und Wegweiser, nachdem Jesus zurück zum Vater gegangen war.

Denn die Innere Stimme ist verblüffend weise. Sie scheint immer zu wissen, was wir wann und wie am besten erledigen oder durchführen. Wir entscheiden uns dann immer für die beste aller Möglichkeiten in jeder neuen Situation und können so den Alltag immer erfolgreich bewältigen.

So lernst Du Deine Innere Stimme kennen

Oft misstrauen wir Dingen, die wir nicht kontrollieren können. Zudem fragen sich viele, ob dahinter sich nicht doch ein „Haken" verbirgt? Denn 100 % positiv, dass kann es doch nicht umsonst geben, oder? Und wie ist das bei der Inneren Stimme?

An dieser Stelle darf ich Dir einen guten Rat geben. Die Innere Stimme zu erkennen, ist an für sich leicht. Sie ist jene Stimme in Dir, der Du auf Dauer ohne Angst dankbar sein kannst. Sie fühlt sich immer stimmig und harmonisch an. Habe daher keine Angst, Fehler zu machen. Denn selbst dann rät Dir die Innere Stimme immer wieder neu, bis Du Deinen Weg gefunden hast.

Die Innere Stimme sagt wie Jesus immer Ja zu uns. Wir dürfen uns gut mit ihr fühlen und erleben Stimmigkeit in und über unser Leben, wenn wir sie beachten. Sie setzt uns nie unter Druck, sondern sie sorgt für uns und rät uns weise. Es macht uns glücklich, wenn wir gelernt haben, ihr zu vertrauen. Denn dann wir vertrauen wir Gott in uns.

Was ist die Innere Stimme und was bewirkt sie?

Die Innere Stimme in unserem Leben ist wie eine gütige Ratgeberin, die uns gute Vorschläge macht und uns immer im Leben konstruktiv rät. Sie ist eine sanfte Stimme in uns, die uns nie verrät und immer freundlich hilft, das Leben in jedem Moment sinnvoll zu leben.

Und doch hören wir oft nicht auf sie. Denn ist sie leise und niemals aufdringlich. Ganz im Gegenteil: Sie wartet geduldig, bis wir sie hören. Sie kritisiert niemals herablassend, sondern ermahnt uns freundlich, wenn wir Fehler gemacht haben und gibt uns gute Impulse, wie es weiter gehen kann. Sie hilft uns den Tag folgerichtig zu strukturieren und zu jeder Zeit das Richtige zu tun. Sie ist stets eine Helferin für kreative Lösungen.

Wie Dir die Innere Stimme kreativ dient

Die Innere Stimme leitet uns nicht nur durch den Alltag. Sie ist zudem wichtig für unser eigenes kreatives Gespür. Denn sie leitet nicht nur moralisch und gibt uns Sicherheit. Sie zeigt uns auch kreative Impulse, die wir dankbar annehmen dürfen, wenn wir nicht zu stolz sind dazu. Denn Stolz kann das größte Hindernis sein, wenn wir es „selbst" machen wollen, um im Leben autonom zu sein. Dann fällt es uns schwer, ihren Rat anzunehmen, der uns stets Entscheidungssicherheit gibt, vor allem auch in schwierigen Situationen.

Wenn Du magst, dann gehe immer dem nächsten Impuls nach, den Dir Deine Innere Stimme aufzeigt. So kommst Du Schritt für Schritt dem Erfolg immer näher bis Du ihn erreichst hast. Auf diese Weise kannst Du immer kreativ und flexibel auf jede schwierige Situation reagieren und ihr mit Zuversicht begegnen!

Lerne den Reichtum Deiner Inneren Stimme kennen

Aber was motiviert die Innere Stimme so zu handeln wie sie handelt? Meiner Erfahrung nach ist die Innere Stimme, wie Gott selbst, sich selbst genug und kann deswegen unbegrenzt aus sich selbst heraus schöpfen und geben. Denn sie handelt aus der Fülle Gottes heraus und lädt uns dazu ein. Man könnte auch sagen, sie ist ein Teil des Universums Gottes. Wie Gott die Natur so reich und vielfältig geschaffen hat – so ist die Innere Stimme.

Wenn Du Dir unsicher bist im Umgang mit ihr, dann probiere die Innere Stimme doch erst einmal bei Kleinigkeiten aus. Und wenn dies gut geklappt hat, dann gehe immer größere Schritte mit Deiner Inneren Stimme. Schenke ihr Dein Vertrauen, aber überprüfe auch Dein Handeln mit Deinem Verstand. So lernst Du immer mehr Deine Innere Stimme kennen und bekommst mehr und mehr Gewissheit, wie und dass Deine Innere Stimme gut für Dich ist.

Manchmal weist uns die Innere Stimme auch Nein zu sagen. Wir können diesen Rat beherzigen, müssen es aber nicht. Denn wie schwer ist es, manchmal Nein zu sagen, denn wir wollen ja nicht unsere Mitmenschen verärgern.

Selbst dann ermahnt uns die Innere Stimme nicht, sondern rät uns stets weiterhin konstruktiv und liebevoll. Erfahrungsgemäß geht es uns besser, je mehr wir im

Einklang mit ihr leben. Sie bleibt geduldig und wartet bis wir soweit sind, ganz mit ihr zu gehen. Denn sie respektiert immer unseren individuellen Lernrhythmus. Sie gibt sie nur dann Antworten, wenn wir sie fragen. Sie drängt sich nicht auf. Sie bleibt leise und sanft und wird daher leider allzu schnell von Lärm und all den Anforderungen, die uns im Alltag begegnen, übertönt.

Die Innere Stimme respektiert stets unseren freien Willen. Sie fühlt sich stets gut an, denn sie verurteilt nicht, auch wenn wir Fehler machen.

Sie führt uns zu innerem und äußerem Reichtum an guten Dingen wie Freude, Gesundheit, gesunde Finanzen, gute Beziehungen, beruflichen Möglichkeiten und allem weiteren Guten, das es gibt. Wenn wir gut vertraut sind mit ihr, vertreibt sie alle Unsicherheit und Einsamkeit. Denn die Innere Stimme selbst ist eins mit dem Leben und mit Gott.

Zusammengefasst lässt sich sagen: Wir können nur gewinnen, wenn wir gelernt haben, ihr zu vertrauen. Daher lege ich Dir ans Herz: Misse Deine Innere Stimme nicht und Dein Leben wird von Erfolg, Kreativität und Wohlstand gekrönt sein.

Falle nicht auf den Inneren Kritiker herein

Zu der Inneren Stimme gibt es noch jemanden, der näher betrachtet werden sollte: Es ist der Innere Kritiker, der uns täglich durch den Alltag begleitet und nichts anderes im Sinn hat, als uns das Leben schwer zu machen. Er ist sozusagen das Gegenteil von unseren Inneren Stimme.

Der Innere Kritiker, eine fast unbemerkt leise Stimme in uns, die unser Verhalten kontinuierlich negativ kommentierend begleitet. Fast jeder hat sie, ob sie ihm nun bewusst ist oder nicht.

„Das kannst Du so nicht!"

„Das genügt so nicht!"

„Du gefällst so nicht!"

Es ist, als wolle der Innere Kritiker uns zur Verzweiflung bringen. Und er scheint genau unsere Schwachstellen zu kennen. Woher er kommt – das ist schnell erklärt. Bitte erschrick nicht, wenn ich sage, dass er die Stimme des Gegner Gottes ist, der in der Bibel auch Satan genannt wird. Sein Ziel ist es, uns so zur Verzweiflung zu bringen, dass wir resignieren, ihm nachgeben und uns ihm ergeben. Denn er will uns am Ende dieses Zeitalters mitreißen in seinen Tod.

Wichtig ist also, dass Du klar unterscheiden lernst zwischen Deiner Inneren Stimme und Deinem Inneren Kritiker. Johann W. Goethe sprach auch in diesem Zusammenhang von „zwei Stimmen in meiner Brust".

Während die Innere Stimme wie ein guter Unterstützer ist, ist der Innere Kritiker eher wie ein ständiger Antreiber, der nie mit uns zufrieden sein will.

Aber warum hasst uns der Innere Kritiker so sehr? Die Antwort ist relativ einfach. Der Mensch wurde an Satans Stelle gestellt, nachdem dieser aus dem Himmel gefallen war. Seine Taktik, um uns zu verführen, ist die Lüge. Sein Mittel dazu ist die Stimme des Inneren Kritikers.

Um sein Vorgehen besser zu verstehen, wie er täglich versucht uns reinzulegen, möchte ich die drei Beispiele von oben einmal näher beleuchten. Denn seine Taktik ist einfach. Er bombardiert uns immer, wenn wir es zulassen, mit Vorwürfen, so wie oben genannt.

Dauervorwurf Nr. 1: „Das kannst Du so nicht!"

Dies betrifft den Weg zu einem Ziel, welches wir vor Augen haben. Doch plötzlich überkommen uns Zweifel und wir verspüren Furcht. Dann sind wir entweder wie blockiert und treten auf der Stelle oder wir kehren sogar um, damit die Angst in uns wieder nachlässt. Dies kann geschehen, obwohl es der richtige Weg gewesen wäre und im Nachhinein machen wir uns sogar selbst noch Vorwürfe, wenn wir es bemerken. Dann hat der Innere Kritiker sein Ziel erreicht, da wir uns selbst anklagen. Zufrieden gibt er dann vielleicht für eine Weile Ruhe und wir ziehen dann fälschlicherweise den Schluss, wir hätten doch die richtige Entscheidung getroffen.

Dauervorwurf Nr. 2: „Das genügt so nicht!"

Hier geht es um den Inhaltsaspekt. Egal, was wir tun, es scheint nie zu reichen. Entweder ist es der Menge nach zu wenig oder es ist nicht ausreichend, weil nicht die nötige Qualität erreicht wurde. Hier versucht der Innere Kritiker uns so zu demoralisieren, bis wir selbst beginnen zu glauben, wir seien zu allem unfähig. Auch hier ist wichtig: Klage Dich selbst nicht an. Denn wenn Du Dich selbst oder andere anklagst, dann machst Du Dich eins mit dem Ankläger Nr.1 dieser Welt – eben dem Satan selbst. Gott klagt uns nie an. Er mag der Richter sein eines Tages, aber niemals der Ankläger.

Dauervorwurf Nr. 3: „Du gefällst so nicht!"

Dies ist ein so richtiges Totschlagargument. Denn unsere Angst, sozial ausgegrenzt zu werden, ist die Urangst des Menschen schlechthin, da wir alle die Gemeinschaft zum Leben brauchen.

Sozial ausgegrenzt zu werden, ist zudem verbunden mit tiefen Schamgefühlen. Daher tun wir viel dafür, um von anderen akzeptiert und anerkannt zu werden. Auch hier versucht der Innere Kritiker uns so zu ängstigen, dass wir alle Aktivität lieber sein lassen wollen.

Wie Du feststellst, hat der Innere Kritiker immer etwas an uns auszusetzen. Egal, was wir tun oder ob wir erfolgreich sind oder nicht.

Das Hinterhältige daran ist, dass wir oft seine Stimme als unser Gewissen wahrnehmen. Dabei ist der Innere Kritiker nicht einmal logisch.

Denn wenn wir seine Kritik ernst nehmen würden, dann gilt:

- wir würden nichts jemals hinbekommen,
- wäre es nie genug,
- und keiner würde jemals uns mögen und wir könnten niemals irgendwem eine Freude machen

Wie Du siehst, entspricht dies nicht der Realität. Es zeigt, wie unlogisch und absurd das Verhalten des Inneren Kritikers ist.

Sein Handeln und seine Worte sind also NIEMALS gerechtfertigt. Völlig egal, was er auch sagt. Auch wenn uns das auf den ersten Blick nicht so auffallen mag.

Denn macht das Handeln des Inneren Kritikers einen Sinn? Nein! Damit wir nie wieder auf ihn hereinfallen, wird es Zeit etwas zu ändern.

Das beste Mittel gegen den Inneren Kritiker ist, ihn zu entlarven, indem Du immer an der Wahrheit festhältst. Die Wahrheit ist das, was Gott über Dich denkt. Die Wahrheit sollte also nicht mit der Wirklichkeit verwechselt werden. Denn Wirklichkeit ist das, was sich ereignet. Dazu gehören auch die Lügen des Inneren Kritikers.

Wenn Du aber feststellst, wie er versucht, Dir Lügen über Dich selbst und Deine Mitmenschen einzureden, dann hast

Du dennoch die Möglichkeit, gegen ihn erfolgreich zu bestehen und ihn eines Tages ganz loszuwerden. Ja, auch das ist möglich! Wie – das erfährst Du im nächsten Abschnitt.

Denn – Gott sei Dank – gibt es aber noch die andere Stimme in uns: Deine Innere Stimme. Sie macht Dir stets gute Vorschläge und rät Dir tagtäglich zu allen Fragen und Entscheidungen immer konstruktiv.

Den Inneren Kritiker entwaffnen

Wir stehen also in einem ständigen Spannungsfeld zwischen **Innerer** Stimme und Innerem Kritiker. Es ist also von essentieller Wichtigkeit sich zu entscheiden, wem wir vertrauen wollen.

Zunächst einmal ist es hilfreich, sich der Problematik bewusst zu werden, dass wir quasi wie unter Dauerbeschuss leben. Beide Stimmen nicht ernst zu nehmen, wäre demgemäß leichtsinnig.

Wichtig ist, dass Du lernst, klar zu unterscheiden zwischen Deiner Inneren Stimme und Deinem Inneren Kritiker. Während die Innere Stimme immer wie ein guter Unterstützer ist, ist die andere eher wie ein ständiger Antreiber. Sie lässt uns nicht zur Ruhe kommen. Und oft ist sie, also die Stimme des Inneren Kritikers, die lautere von beiden.

Einen wichtigen Rat möchte ich Dir an dieser Stelle ans Herz legen: Befreie Dich selbst und sprich nicht mit dem Inneren Kritiker. Fange nicht an, mit ihm zu diskutieren oder in einen Dialog zu gehen. Denn das verstärkt die Kritik des Inneren Kritikers, weil Du ihm Aufmerksamkeit und Energie zuführst. So machst Du ihn nur noch stärker. Dies zu unterlassen, ist oft aber nicht so einfach, da der Innerer Kritiker in unserer Vorstellung oft die Rolle einer uns bekannten Person einnimmt. Dies kann ein Familienangehöriger, ein Arbeitskollege, ein Freund oder Ihr Arbeitgeber sein.

Was kannst Du also tun?

Den Inneren Kritiker kann man zwar nicht „besiegen". Aber man kann ihn ins Leere laufen lassen, wenn man verstanden hat, dass er nichts Sinnvolles produziert.

Denn wie schon zuvor gesagt: Er mault und meckert nur, um uns zu demoralisieren. Sein einziges Ziel ist unser Misserfolg. Seine Kritik ist niemals gerechtfertigt, logisch und sinnvoll.

Mach' Dir dies zu einer Gewohnheit! Vertraue stets Deiner Inneren Stimme und lasse den Inneren Kritiker herum maulen, wie er will. Je mehr Du das wiederholst, desto mehr verblasst der Innere Kritiker und tritt fast vollkommen in den Hintergrund. Wenn Du das beherzigst, dann wirst Du frei sein von dem Inneren Kritiker. Er mag ab und an mal auftauchen, aber er hat dann keine Macht mehr über Dich. Denn Du räumst ihm dann keine Macht mehr ein, indem Du ihn für nichts verantwortlich machst. So kannst Du den Inneren Kritiker getrost ins Leere laufen lassen, wenn Du stattdessen stets Deiner Inneren Stimme vertraust.

Emanzipiere Dich und werde frei in Gott

Daher entwickle eine Sensibilität für Deine Innere Stimme und lerne stattdessen lieber mit gutem Gefühl Deine eigenen Prioritäten im Alltag zu setzen. Dann wirst Du wissen, was Du zu tun hast im Alltag und was nicht. Du wirst verstehen, dass es nicht möglich ist, jedem und allem zu gefallen. Nein zu sagen und sich abzugrenzen, kann ebenso folgerichtig wie notwendig und die richtige Entscheidung sein.

Mit Hilfe der Inneren Stimme wirst Du immer wissen, was zu tun ist und was nicht. So kannst Du frei werden im Geist Gottes.

Wie Du im nächsten Kapitel erfahren wirst, ziehen wir in unserem Leben das an, worauf wir uns wiederholt täglich fokussieren gemäß dem Gesetz der Anziehung. Wenn wir uns auf das Gute im Leben konzentrieren, dann ziehen wir das Gute an – ganz entsprechend unseren Gedanken, Gefühlen und Handlungen.

Denn sind die Entscheidungen, die wir selbst treffen, letzten Endes nicht die Besten? Schlussendlich bist Du es, der die Verantwortung trägt. Ein Grund mehr, nicht auf den Inneren Kritiker zu hören, sondern immer Deiner Inneren Stimme zu vertrauen.

Nutze das Gesetz der Anziehung, wie Du gleich erfahren wirst und lass Deine Innere Stimme in Dir zu einer Gewohnheit werden! So wirst Du frei werden und frei bleiben.

Lerne das Gesetz der Anziehung kennen

Bestimmt hast Du schon von dem Gesetz der Anziehung gehört. Falls nicht: Das Gesetz der Anziehung ist nichts anderes als die Tatsache, dass wir all die Dinge und Erlebnisse in unser Leben ziehen, die wir täglich immer wieder antizipieren. „Dir geschieht, wie Du glaubst" so lehrt es Jesus im Matthäusevangelium.

Das Gesetz der Anziehung ist also nichts anderes als das Gesetz des Erfolges. Es ist ein Gesetz, das von Gott geschaffen wurde und das ganze Universum durchzieht.

Hier ein Beispiel:

Mitten im Januar geht der Thermostat Ihrer Heizung kaputt und lässt sich nicht mehr hoch regeln. Du rufst sofort einen Handwerker und dieser kommt sogar einige Stunden später und kümmert sich um das Problem. Du bleibst aber skeptisch und erwartest eher ein Desaster. Und tatsächlich: Danach lässt sich der Thermostat nicht mehr herunter regeln. Die Heizung läuft rund um die Uhr auf Hochtouren.

Dies war zugegeben ein Negativ-Beispiel.

Es geht aber auch anders:

Du bist Mutter zweier Kinder, die sich ständig streiten. Alle Versuche, die Kinder zum friedlichen Spielen miteinander zu bewegen, scheinen zwecklos. Du bist schon fast mit den Nerven am Ende. Also gibst Du dem Ganzen eine letzte Chance und versuchst es mit dem Gesetz der Anziehung. Du sprichst im Gebet jeden Tag das Gewünschte aus und handelst auch dementsprechend. Und tatsächlich: Deine

Kinder lernen von den Nachbarskindern neue Spiele und sind ganz begeistert dabei. Die Streitereien haben aufgehört.

Man mag darüber streiten, ob das Gesetz der Anziehung auch der Manipulation von Menschen dienen kann. Die Antwort ist: Ja, das kann es tatsächlich. Du hast also nicht nur die Möglichkeit Gutes zu tun. Sondern Du hast insgesamt auch eine große Verantwortung, das Gesetz der Anziehung stets konstruktiv zum Wohl für Dich und Deine Mitmenschen anzuwenden.

Wie das Gesetz der Anziehung Dir dient

Vor tausenden Jahren war im Alten Orient und im früheren Asien die Kenntnis des Gesetzes der Anziehung ein Geheimwissen weniger Eingeweihter. Heute aber ist dieses Geheimnis verfügbar für jeden, der es kennen lernen möchte. Gelehrt wurde es unter anderem nicht nur von Jesus, sondern von vielen bekannten Persönlichkeiten und Religionsstiftern durch die Jahrhunderte hinweg. Alle berühmten und erfolgreichen Menschen kannten und kennen das Gesetz der Anziehung. Denn ohne seine Kenntnis kann der Mensch keinen dauerhaften Erfolg haben.

Über die Anwendung dieses Gesetzes kannst Du auf natürlichem Wege manifestieren und auf übernatürlichem Wege materialisieren so wie Jesus es tat. Aus Gründen der Einfachheit behandle ich in dieser Lektion nur das Manifestieren. Das Materialisieren, also das Erschaffen von physischen Dingen oder Organismen wie aus dem Nichts heraus, ist bereits die Hohe Schule der Anwendung dieses

Gesetzes und würde hier den Rahmen sprengen. Unter der Webadresse www.mein-gesetz-der-anziehung.de kannst Du jedoch mehr darüber erfahren.

Visualisieren ist Voraussetzung

Wie wendet man das Gesetz der Anziehung an? Einfach gesagt: Durch wiederholtes und konfliktfreies Visualisieren werden Wünsche Wirklichkeit.

So kannst Du vorgehen:

1. Entscheide Dich genau, was Du willst und überprüfe, ob Dein Wunsch nicht mit anderen Wünschen „kollidiert". Dein Wunsch sollte zudem positiv formuliert sein, denn das Universum, das Dir Deinen Wunsch liefern wird, kennt keine Verneinungen. Alles, was Du nicht willst, musst Du daher affirmativ formulieren.

   Ein einfaches Beispiel:

   Du willst Wandern gehen. Es soll daher nicht regnen. Wenn Du nun Deinen Wunsch so äußerst, dass es nicht regnen soll, dann versteht das Universum nur, dass es regnen soll. Das mag verwundern, aber es ist so. Sicherlich ist Gott nicht zu „blöd" um unsere Wünsche zu verstehen. Es muss einen anderen Grund geben. Vielleicht will Gott, dass wir unser Denken stets lebensbejahend gestalten.

   Wie auch immer, wenn Du willst, dass es nicht regnet, dann bitte stattdessen um das Gegenteil.

Entscheide Dich, wem Du dankbar dafür sein willst: Jesus, Gott-Vater oder der Heilige Geist. Wem Du gegenüber dankbar bist, dem gibst Du Rechenschaft über Dein Leben und somit die Macht über Dich.

2. Schreibe Deinen Wunsch auf, um ihn nicht zu vergessen und verändere ihn nicht mehr. Sonst beginnt das Universum möglicherweise ganz von vorne, sich an die Arbeit zu machen. So dauert es nur länger.

Formuliere Deinen Wunsch am besten in der Gegenwart und danke bereits dafür, als wäre er schon erfüllt und Realität geworden. In der Bibel wird dieses Vertrauen als Glauben bezeichnet. Denn wenn Du dankbar bist, dann hältst Du das Gewünschte für wahr und ziehst es somit in Dein Leben.

„Danke Vater/ Jesus/ Heiliger Geist für Sonnenschein am Wandertag!"

Ein Tipp hierzu:

Wenn Du magst, dann begründe Deinen Wunsch. So umgehst Du mögliche unbewusste Konflikte in Dir, die der Realisierung Deines Wunsches entgegen wirken können. Zudem schaffst Du somit ein Bewusstsein, dass Du diesen Wunsch verdient hast. Denn Gott will uns das Leben schenken und dies im Überfluss gemäß dem Johannesevangelium im Neuen Testament.

„Danke Vater/ Jesus/ Heiliger Geist für Sonnenschein am Wandertag, damit alle Stressgeplagten sich gut erholen!"

3. Wiederhole Deinen Wunsch jeden Tag. Stelle Dir Deinen Wunsch bildlich, symbolhaft oder abstrakt vor. Das nennt man auch Visualisieren. Wenn Du eine Szene vor Augen hast – umso besser. Je intensiver und lebendiger Du Dir Deinen Wunsch vorstellen kannst, desto schneller wird er Dir erfüllt werden.

4. Bleibe zuversichtlich und ausdauernd. Gerade auch dann, wenn es schwer wird. Dann stehst Du meist kurz vor dem Durchbruch Deines Wunsches. Man kann das Ganze auch ein bisschen mit einer Geburt vergleichen.

5. Sobald das Gewünschte eingetreten ist, danke Gott noch einige Tage lang, damit sich Dein Wunsch in Deinem Bewusstsein festigt. Denn es ist in Dein Bewusstsein, von dem aus Dein Wunsch seinen Ursprung nimmt und erhalten bleibt.

Unsere Erwartungshaltung entscheidet

Die eigene Erwartungshaltung, dass Wünsche sich erfüllen, ist von großer Bedeutung. Denn was hast Du zu verlieren? Traust Du Dich vielleicht nicht, weil Du die Sorge hast, Dich vor Dir selbst lächerlich zu machen oder enttäuscht zu werden? Aber wenn Du es nicht ausprobierst, dann wirst Du es nie erfahren.

Mein Rat hierzu: Begrenze Dich nicht selbst. Manifestieren von Wünschen hat sehr viel mit der eigenen Persönlichkeit zu tun. Wenn Du unbewusst zum Wunsch noch Konflikte oder Gegenwünsche hegst, dann können diese das erfolgreiche Realisieren eines Wunsches unterbinden.

Nehme Dich sich selbst an als ein Kind vom Vater. Du wurdest von ihm zusammen mit dem Universum und Deinen Mitmenschen erschaffen. Denke nicht in Begrenzungen, sondern erlaube Dir in Gedanken Reichtum an Liebe, Gesundheit, guten Beziehungen, gesunden Finanzen, beruflichem Erfolg und vielem Guten mehr.

Wenn Du erst den ersten Manifestationserfolg hattest, wirst Du zusammen mit weiteren Erfahrungen immer mehr Übung bekommen. Mit der Übung wirst Du immer öfter, immer besser und immer schneller manifestieren können.

Bleibe dran und nehme täglich wahr, was sich verändert. Denn unsere Gedanken und Worte sind Macht. Sie strahlen hinaus in die Ewigkeit und wirken nicht nur auf andere, sondern auch auf uns zurück. Wenn wir in Dankbarkeit Gott gegenüber Gutes über unser Leben und das Leben anderer aussprechen, dann kann sich alles nur zum Guten verändern. Selbst wenn von uns zwischenzeitlich Klippen, Täler und Bergfelsen überwunden werden müssen.

Halte Deine Gedanken unter Kontrolle, indem Du Dich immer wieder auf Deine Glaubenssätze konzentrierst. So gelingt es Dir mit der Zeit, nur noch das zu denken, was Du möchtest. Denn es ist absolut nicht egal, was wir denken. Unsere Gedanken sind wie Worte pure Energie, die in das

Universum hinausstrahlen und das Entsprechende anziehen.

Über Deine Gedanke, Worte, Gefühle und Handlungen kannst Du somit bestimmen, was sich in Deinem Leben manifestieren soll. Auch so kannst Du Deine Kreativität entscheidend formen und mitbestimmen.

Werde ein kreativer Mitschöpfer dieser Welt

Ich kann Dir nur ans Herz legen, Dich mehr in dieses Thema einzuarbeiten und immer besser darin zu werden, Deine Wünsche durch das Gesetz der Anziehung Wirklichkeit werden zu lassen.

Alles über das Gesetz der Anziehung kann in einem einzelnen Kapitel nicht vermittelt werden. Es gibt aber für wenig Geld überall im Internet und in Buchhandlungen unzählige Publikationen zu diesem Thema zu kaufen. Das wohl bekannteste Buch „The Secret" wurde von der Australierin Rhonda Byrne und ihrem Team verfasst und ging 2006 und 2007 als internationaler Bestseller um die Welt.

Weitere bekannte Autoren sind Charles F. Haanel, Joseph Murphy, Wallace D. Wattles oder Catherine Ponder, die alle christlich sind. Viele Werke von ihnen sind bereits aus dem Englischen ins Deutsche übersetzt worden. Darüber hinaus gibt es im Internet eine Fülle von lehrreichen Videos.

Bei dieser Auswahl mag es schwer sein, irgendwo anzufangen. Höre auf Deine Innere Stimme und entscheide dann, wo Du anfangen möchtest. Dafür wünsche ich Dir viele gute Erkenntnisse und wundervolle Ergebnisse.

Definiere Deine Lebensmission

Wenn Du Dir bewusst bist, was Du im Leben erreichen möchtest, dann bist Du hoch motiviert und entschlossen. Auch wenn Du vielleicht noch gar nicht weißt, wie Du es erreichen wirst. Aber Du spürst diese Aufbruchenergie in Dir. Und du weißt, dass Du die Antwort auf die Frage nach dem wie durch Deine Innere Stimme erhalten wirst.

Die eigene Lebensvision verstehen

Die eigene Lebensmission leitet sich von Deiner Lebensvision ab. Im Grunde genommen sind beide fast deckungsgleich. Deine Lebensvision beschreibt, was Du als Teil der menschlichen Gemeinschaft für Dich und andere erreichen willst. Deine Lebensmission ist die Aufgabe, die sich davon ableitet.

Es ist wirklich notwendig zu wissen, was man im Leben erreichen möchte. Denn „für ein Schiff, das seinen Hafen nicht kennt, weht der Wind immer ungünstig." (frei nach Seneca).

Denn Gott lässt uns auch Fehler machen. Er schreibt uns nicht vor, welchen Weg wir gehen sollen. Sonst hätte er uns nicht einen freien Willen gegeben, um zu ihm und zum Guten freiwillig zu finden.

Visionen veranlassen Erfolge

Wozu eine eigene Vision, magst Du denken. Ich weiß doch, was ich will. Das wird bestimmt so sein, aber oft haben wir viele einzelne Ziele, die sich sogar widersprechen können und uns dann möglicherweise blockieren oder ausbremsen.

Daher lohnt es sich einmal zu diesem Thema Gedanken zu machen.

Zunächst einmal kurz eine Definition darüber, was eine Vision ausmacht:

Eine Vision ist das Verständnis der Welt, in der man leben möchte. Daraus leitet sich die eigene Mission ab. Das ist die persönliche Aufgabe, die man übernimmt, um diese Welt Wirklichkeit werden zu lassen.

Eine Vision richtet sich daher immer auch in die Zukunft. Sie hat dort ihren Ausgangspunkt und wirkt sozusagen zeitlich rückwirkend in die Gegenwart hinein. Von einer Vision leiten sich Ziele und Ideen ab, die dann mithilfe von Strategien umgesetzt werden. Es ist ein bisschen wie Magie, denn eine gute Vision zieht geradezu magnetisch gute Ergebnisse an sich. Sie motiviert und beflügelt das eigene Handeln.

Finde Deine Vision

Es mag wohl kaum etwas Schwierigeres geben, als eine wirklich gute Vision zu formulieren. Denn sie sollte auch begeistern können: Deine Mitmenschen und Deine Kunden oder Kollegen, Freunde und jeden, der an guten Ideen interessiert ist.

Wenn Du schon eine Vision hast, dann kannst Du nun Deine Vision anhand der nachfolgenden Überlegungen überprüfen. Und falls Du noch keine hast, dann lasse Dich von folgenden Fragen inspirieren, um sie zu finden:

Was war einer der besten Momente Deines Lebens? Was geschah an diesem Tag, das anders war als sonst?

In welchem Moment Deines Lebens fühltest Du Dich am freiesten? Was war die Ursache dafür?

Was ist die bedeutsamste Frage, die das Leben (oder Gott) an Dich stellt?

Welche 3-5 Ziele möchtest Du in Deinem Leben erreichen, damit Du ehrlichen Herzens sagen kannst: „Mein Leben hat sich gelohnt!"?

Wovon hast Du als Kind geträumt? Was wolltest Du einmal werden?

Welche Botschaft möchtest Du der Welt mitteilen?

Stell Dir vor, Du wärst für den Rest Deines Lebens finanziell im Überfluss versorgst. Was macht Dir so viel Spaß und Freude, dass Du es sogar kostenlos tun würdest?

Wenn Du diese Fragen für Dich beantwortet hast, wirst Du vielleicht ein ganz genaues Bild von Deiner Vision haben. Genau oder nicht, in jedem Fall könnte es Dich überraschen.

Sobald Du Dir im Klaren darüber bist, was Du erreichen willst, kannst Du Deine Lebensmission ableiten.

Auch hier können Dich einige Fragen unterstützen:

> Wenn in 25 Jahren ein Artikel über Dich in Wikipedia veröffentlicht wird: Was würde dann darin stehen? Wofür bist Du bekannt oder sogar berühmt?
>
> Was kannst Du besonders gut und was machst Du besonders gern?
>
> Welche Eigenschaften schätzen Deine Freunde an Dir?
>
> Wer waren Ihre Helden in Deiner Kindheit? Wem hast Du nachgeeifert?
>
> Womit kannst Du Dich stundenlang beschäftigen und dabei alles vergessen? Womit möchtest Du Deine Zeit verbringen und dies liebsten an jedem Tag?
>
> Was würdest Du tun, wenn es nicht schief gehen könnte?
>
> Welche Menschen sind für Dich Vorbilder? Was bewunderst Du an ihnen?
>
> Was wolltest Du schon immer einmal machen, aber hast Dich nicht getraut es zu tun?
>
> Was verschafft Dir Anerkennung?
>
> Was wünschst Du Deinen Mitmenschen am meisten?

Spätestens jetzt solltest Du wissen, was Du erreichen könntest im Leben, wenn Du Deine Lebensmission, die auch Berufung genannt werden kann, in Angriff nimmst.

Was auch immer sie sein mag, eines bedeutet sie auf jeden Fall: Raus aus der eigenen Komfortzone!

Denn wer Erfolg haben möchte, muss immer wieder bereit sein, die eigenen Grenzen ein wenig zu überschreiten.

Das muss gar nicht brachial geschehen. Meiner Erfahrung nach genügt es, jeden Tag einen kleinen Schritt weiter zu gehen. Dies aber sollte konsequent geschehen.

Denn wenn wir jahraus und jahrein auf der Stelle treten und warten, dass irgendetwas passiert, kommen wir nicht weiter. Du wirst sehen, mit jedem kleinen Erfolg, der eine Veränderung einleitet, eröffnen sich gemäß dem Gesetz der Anziehung neue Möglichkeiten. So kannst Du Dich weiter entwickeln und Deine Vorhaben umsetzen. Deine Innere Stimme kann Dir dabei unschätzbare Dienste leisten.

Auch wenn Du denkst „Ich stecke in meinem Job oder im Alltag fest." kannst Du Dein Leben auf magische Weise ändern. Sprich es mit Dankbarkeit aus im Gebet, was Du erreichen möchtest und beginne mit dem ersten Schritt. Du wirst sehen, danach ergibt sich der zweite, dann der dritte und so weiter …

Motiviere Dich selbst effektiv

Du weißt nun, was Du willst im Leben und kennst nun vielleicht auch Deine Lebensmission, aber statt begeisternder, mitreißender Energie, fühlst Du Dich eher wie blockiert, ausgebremst und gelähmt.

Das Problem dahinter könnte sein, dass oft einem nicht bewusst ist, dass auch große Erfolge aus vielen kleinen Puzzleteilchen, also Einzelschritten bestehen. Die Herausforderung ist also, dass erste Puzzleteilchen zu finden, mit dem Du beginnen kannst.

Breche große Aufgaben in kleine Teilstücke

Der einfachste Weg ist es, sich zu Anfang einen Plan zu machen. Rückwärtsgehend vom Endziel aus, teile die große Aufgabe in Teiletappen ein. Zu jeder der Teiletappen schreibst Du alle nötigen kleineren Aufgaben auf. Warum solltest Du dies aufschreiben? Die Antwort ist: Zum einen kann man es so nicht wieder vergessen und der Schreibeprozess erfordert zudem ein sehr reflektiertes Denken.

Nun gilt es, einen Rhythmus für jeden Tag zu finden, damit die Aufgaben gut bewältigt werden können.

Beginne mit der Aufgabe, die Dir am besten liegt

Es gibt Motivationstrainer, die behaupten, es sei am besten, den Tag mit der schwierigsten Aufgabe zu beginnen, weil dann alle Aufgaben hinterher leichter zu erledigen seien. Das ist eine Möglichkeit. Ich sehe nur die Gefahr, dass man den Tag mit schlechter Laune beginnt.

Daher gehe ich persönlich den umgekehrten Weg. Ich beginne mit der Aufgabe, die mir am besten liegt. Das mag die leichteste sein oder die schwerste. Entscheidend ist auch hier, dass ich mich von meiner inneren Stimme leiten lasse.

Nachdem ich die erste Aufgabe erledigt habe, fahre ich fort mit der nächst leichtesten. Bis somit alle erledigt sind. Denn erfahrungsgemäß ist die letzte Aufgabe, die verbleibt, dann sowieso recht leicht zu bewältigen, weil man bereits so viel am Tag geschafft hat, worauf man stolz sein kann.

Rede über Deine Vorhaben

Rede zu möglichst vielen, die Du kennst, über Deine Ideen und Pläne. Warum? Weil Rückfragen Dich weiter bringen. Sie helfen Dir Deine Ideen zu hinterfragen und vielleicht Schwachstellen aufzudecken. Oder sie bringen Dich auf weitere gute Gedanken, aus denen noch viel hervor gehen kann.

Dazu kommt noch die geistliche soziale Unterstützung. Je mehr Menschen über Deine Vorhaben Bescheid wissen, desto mehr festigten sich Deine Ideen in der geistlichen Welt, was Dich nur unterstützen kann. Achte aber darauf, dass Du nur Konstruktives mitteilst. Wenn Deine Mitmenschen Zweifel an Deinen Vorhaben entwickeln, dann kann das sogar gegenteilige Effekte haben. Es wird zwar Deine Vorhaben nicht verhindern, aber es kann Dir einiges erschweren.

Vergleiche dich nicht mit anderen

Vergleiche Dich nur mit Dir selbst. Werde der Beste, der Du jeden Tag sein kannst. Ich weiß, das ist nichts Neues. Trotzdem sollte es an dieser Stelle gesagt sein. Denn wenn Du Dich immer wieder mit den Besten vergleichst, dann wirst Du Dich selbst nur unnötig frustrieren. Aber: Du kannst Dir von den Besten so manches abschauen, wie es professionell oder noch besser gemacht wird. Wir alle lernen ständig voneinander.

Habe Freude, an dem was Du tust.

Wenn Du Dich ständig zu Deinen gewünschten Aktivitäten zwingen musst oder Du Dich blockiert fühlst (siehe auch vorherige oder nächstes Kapitel), dann stimmt etwas nicht. Es können falsche Glaubenssätze sein, eine ernsthafte Sinnkrise oder auch Konflikte mit Deiner sozialen Mitwelt. Es kann die Angst vor dem Neid Deiner Mitmenschen sein, wenn der Erfolg kommt. Die Möglichkeit besteht, dann abgelehnt zu werden von einigen Deiner Mitmenschen, weil Du Dich von ihren Gewohnheiten und Normen mehr und mehr entfernst.

Dennoch – entwickle Dich weiter. Du wirst neue Menschen kennen lernen, die Deine Ansichten teilen und ebenso erfolgreich sind.

Wie auch immer Du entscheidest, es sollte Dir und Deinen Mitmenschen dienen. Neid Deiner Mitmenschen ist leider ein normales Phänomen. Nimm Rücksicht darauf, soweit Du kannst, aber lasse Dich nicht vom Weg abbringen und Dir die Freude am Ganzen nehmen. Es ist nicht alles Deine Verantwortung, was Deine Mitmenschen so tun und lassen.

Zum guten Schluss noch ein allgemeiner Tipp zum Thema Selbstmotivation:

Was auch immer passiert, gib guten Gedanken den Vorrang. Das kann Dein Glaubenssatz sein, ein Lebensmotto oder ein tröstliches Wort aus der Bibel. Denn gute Gedanken, die wir wiederholt anwenden, ziehen gute Gefühle nach sich. Und gute Gefühle motivieren uns und das Universum. Diese bestätigen uns in unseren Entscheidungen und diese wiederum führen zu einer guten Lebenseinstellung.

Eine gute Lebenseinstellung ist mit der beste Weg zum Erfolg gemäß dem Gesetz der Anziehung.

Kreativblockaden erfolgreich überwinden

Was tun, wenn die Leere im Kopf alles lähmt als wäre es Blei? Du aber unter Druck stehst, um „liefern" zu müssen, sei es privat oder beruflich? Oder Du es Dir selbst beweisen möchtest, dass Du immer kreativ alle Herausforderungen meistern kannst?

Was auch immer vorliegt – bleibe zunächst einmal gelassen, wenn Hürden auftauchen. Denn so ist die Kommunikation mit Dir selbst und Deinen Mitmenschen immer am besten.

Man kann eine Blockade vergleichen mit einem Wagen, den man erst anschieben muss, bevor er fahren kann. Am Anfang braucht es etwas mehr Energie, um ihn ins Rollen zu bekommen, als wenn er bereits schon fahren würde.

So ist es auch mit Kreativ-Blockaden. Um das Problem lösen zu können, ist es erst einmal hilfreich zu verstehen, was Kreativitätsblockaden ausmachen. Denn wenn man die Ursachen verstanden hat, dann lassen sich Probleme im Allgemeinen besser lösen.

Dazu habe ich einige Vorschläge zusammengestellt:

Problem: Zu strenge Vorgaben

Du bekommt vom Arbeitgeber zu strenge Vorgaben, die Dir keinen Raum lassen für Deine eigenen Gedanken.

Wie Du Dir selbst helfen kannst

Verhandle sanft, aber bestimmt mit Deinem Arbeitgeber und sage einfach, was Sache ist und was Du leisten kannst und was nicht.

Deine Aufrichtigkeit wird Dich etwas Mut kosten, aber sie weckt ein differenziertes Verständnis, sodass Dir der Arbeitgeber entgegen kommen kann.

Problem: Leistungsdruck

Du stehst unter <u>Leistungsdruck</u> durch die Anforderungen Deiner Arbeit oder Du setzt Dich selbst unter Druck. Vor lauter Stress kannst Du Dich nicht richtig konzentrieren und die Ideen bleiben aus.

Wie Du Dir selbst helfen kannst

Starke Erfolgsfixierung kann Dich dazu verleiten, Dich eher auf sicherem und bekanntem Terrain zu bewegen. So entstehen meist keine neuen Ideen.

Zudem neigen wir dazu, uns immer mit anderen zu vergleichen, die jedoch niemals unter denselben Bedingungen leben wie Du selbst.

Am besten Du vergleichst Dich nur mit Dir selbst. Gib das Beste, das nur Du kannst. Dann kannst Du mit Dir zufrieden sein.

Problem: Soziales Faulenzen

„Soziales Faulenzen": Niemand von der Gruppe mag sich so richtig anstrengen, weil nicht er oder sie dann die Lorbeeren bekommt, sondern jemand anderes.

Wie Du Dir selbst helfen kannst

Gott sieht und erkennt an, wie jeder von uns denkt und handelt. Wenn Du Dich engagierst, ohne dass es jemand sieht, fließt es dennoch an anderer Stelle wieder zurück zu Dir. Denn das Universum übersieht nichts. Was Du ausstrahlst, bekommst Du in ähnlicher Weise wieder zurück.

Problem: Dein Gehirn bleibt leer

Obwohl Du wirklich kreativ sein willst – Dein Gehirn bleibt leer.

Wie Du Dir selbst helfen kannst

Mache Dir bewusst, dass Dir jeden Tag rund 60 000 Gedanken durch den Kopf gehen. Die meisten davon sind unbewusst. Wie auch immer – lass' erst einmal zu, nichts zu denken. Du wirst sehen, dass dies meist nicht sehr lange geht.

Wenn Du verstanden hast, dass es Leere nicht gibt, wirst Du neue Zuversicht fassen.

Lass' Dich inspirieren von anderen: Durchforste Deinen Bücherschrank oder gib einen beliebigen Begriff in eine

Internetsuchmaschine ein. Dann kommst Du wieder in neuen Schwung.

Problem: Zeitdruck

Der Klassiker: Du stehst unter Zeitdruck. Die Tagesroutine frisst alle Zeit auf und Du bekommst keine Extras mehr „untergestopft".

Wie Du Dir selbst helfen kannst

Zeitdruck lässt sich nicht im Moment des Geschehens lösen. Mache Dir bewusst, dass jedem Menschen die gleiche Menge an Zeit zusteht. Wie schaffen es also manche Menschen scheinbar mehr daraus zu machen, um erfolgreicher als andere zu sein?

Die Antwort ist: Sie setzen klare Prioritäten und verzichten auf so manches. Überlege Dir was Du im Leben wirklich erreichen willst und ordne alles diesem Ziel unter.

Mit der Zeit wirst immer routinierter und somit immer mehr erreichen.

Problem: Perfektionssucht

Du willst alles immer perfekt machen und haben. Du bist Dir unsicher, weil Du nicht weißt, ob Du die richtige Leistung bringst. Du setzt Dich und Deine Mitmenschen unter Druck, um möglichst alles perfekt zu machen. Gleichzeitig fragst Du Dich, ob Du wirklich so perfekt sein kannst.

Wie Du Dir selbst helfen kannst

Frage Dich, ob es wirklich nur den einen Weg gibt. Was könnte Gottes Wille in der Angelegenheit sein? Überlege Dir, wie Jesus, der stets für Gnade und Wahrheit stand, dieses Problem lösen würde.

Definiere doch einmal, was Perfektion für Dich ist. Warum willst Du (immer) perfekt sein?

Ein Grund dahinter ist oft die eigene Unsicherheit, die durch soziale Anerkennung kompensiert werden soll. Mein Vorschlag: Werde ein Problemlöser und nicht ein Perfektionist. So dienst Du anderen Menschen und somit auch Dir selbst.

Problem: Angst vor Fehlern

Du hast Angst, <u>Fehler</u> zu machen, wenn Du zu freimütig und locker vorgehst.

Wie Du Dir selbst helfen kannst

Halte Dir vor Augen, dass Gott uns Fehler machen lässt. Auch „Genies" machen regelmäßig Fehler, denn Fehler machen gehört zum Entwicklungsprozess des Menschen. Die Kunst dahinter ist nur, die schlechten Ideen von den guten zu unterscheiden.

Problem: Angst vor Kritik

Du leidest unter der Angst vor <u>Kritik</u> oder bewertet zu werden. Daher traust Du Dich nicht, aus Dir heraus zu gehen, um kreativ zu sein.

Wie Du Dir selbst helfen kannst

Stelle Dir die Frage, wem Du genügen willst. Wem dienst Du? Wem gibst Du Rechenschaft über das, was Du täglich machst?

Wer auch immer es sein mag, versuche einfach Dein Bestes – besser geht es nicht. Das ist auch bei Deinen Kritikern so.

Daher brauchst Du keine Angst vor Verachtung zu haben, denn wenn Menschen verachten wollen, dann tun sie dies aus meist anderen Gründen. Oft verachten sie sich selbst und übertragen das auf andere.

Problem: Selbstzweifel

Du <u>zweifelst an Dir selbst</u>. Du denkst, Du bist es nicht wert, dass Dir etwas Gutes gelingen wird.

Wie Du Dir selbst helfen kannst

Vergiss nie, dass Gott Dich bedingungslos liebt! Er – der Schöpfer dieses Universums ist immer mit Dir! Was kann es Größeres in Deinem Leben geben? Für ihn bist wertvoll, egal was Du tust oder lässt.

Führe ein Tagebuch, in das Du täglich alle, auch die kleinen, Erfolge hinein schreibst. Überlege Dir, in welchen Situationen Gott Dich durchgetragen hat. Du wirst sehen, dass es viel mehr sind, als Du vorher vermutest hättest. Das gibt Dir wieder neuen Mut und Auftrieb.

Sprich Gott (oder dem Universum) gegenüber Dank aus für all das, was Dir im Alltag gelingt. So ziehst Du noch mehr davon in Dein Leben.

Mach Dir zudem bewusst, dass wir Menschen dazu neigen, uns eher an das Schlechte zu erinnern, da unser Gehirn in erster Linie auf Schmerzvermeidung eingestellt ist. Sie ist meist stärker als die Vorfreude auf alles Gute im Leben.

Problem: Vorwürfe

Vorwürfe, die Du innerlich übernommen hast, belasten Dich:

„Bescheide Dich endlich!"

„Schuster, bleib' bei Deinen Leisten!".

„Kleine Brötchen backen."

„Für Dich ist das Gras immer grüner auf der anderen Seite."

Wie Du Dir selbst helfen kannst

Restriktives Denken: Oft wird selbsterniedrigende Bescheidenheit mit gesunder Demut verwechselt. Aber

Gott ist unendlich groß und weit und nicht kleinmütig. Als seine Kinder dürfen wir Großes vollbringen und sollen es sogar.

Daher lass' Dich nicht weder von engen Traditionen noch der Angst Deiner Mitmenschen einschüchtern. Es sind Routinen wie auch das Durchschnittliche der Masse, an denen Menschen festhalten, um Sicherheit zu finden.

Aber Gott ist unsere Sicherheit und er hat uns als kreative Wesen geschaffen, die auch über Grenzen gehen sollen, um Neues zu schaffen. Jesus predigte nicht die Armut, sondern das Himmelreich Gottes.

Problem: Starker Gruppenzusammenhalt

<u>Starker Gruppenzusammenhalt</u> verhindert, dass unterschiedliche Meinungen und Ansichten geäußert werden. In so einem Umfeld ist es schwer, Ideen zu generieren, die vom Gruppenkonsens abweichen, obwohl sie die Gruppe bereichern würden.

Andersdenkende werden möglicherweise ausgegrenzt, weil ihre Ansichten den Gruppenzusammenhalt gefährden für den Fall, dass alle unterschiedlich denken.

Wie Du Dir selbst helfen kannst

Sprich den Konformitätsdruck an und rede zuerst über die Vorteile Deiner Idee, bevor du sie genauer erklärst.

So machst Du Deine Gruppenmitglieder neugierig. Lasse sie selbst die Bereicherungen entdecken, die Deine Idee mit sich bringen würde. So verliert Deine Idee das Fremde.

Problem: Unangenehme Gefühle

Du fühlst Dich <u>traurig</u>, leer und einsam. Nichts geht mehr voran.

Wie Du Dir selbst helfen kannst

Überlege Dir welches Wissen und welche Fähigkeiten Du besitzt, mit denen Du anderen Menschen helfen kannst, ihre Probleme zu lösen.

Das Gefühl gebraucht zu werden und nicht austauschbar zu sein, wird Dir helfen, wieder in den Fluss des Lebens zu finden. Wenn Du Dich entscheidest, auch für andere da zu sein, werden Deine kreativen Energien wieder zu Dir zurückkehren.

Problem: Pessimismus

Die <u>Pessimismus- Falle</u>: Ist es nicht sicherer, lieber das Schlimmste zu erwarten, damit es nicht so dicke kommt, falls es doch einmal schief läuft?

Wie Du Dir selbst helfen kannst

Optimismus ist nicht „gefährlich". Der realistische Optimist rechnet auch mit Rückschlägen. Sie zeigen ihm an, dass es an dieser Stelle nicht weiter geht und so findet er andere Wege, die zum Gelingen führen.

Problem: Sorgen

Mein Kopf ist voller Sorgen. Ich kann mich nicht konzentrieren.

Wie Du Dir selbst helfen kannst

Sorgen, die Dich drücken, solltest Du nicht unterdrücken. Sonst geht irgendwann gar nichts mehr.

Nimm' erst einmal Abstand, um mehr Distanz zu bekommen, damit der Blick sich weitet. Frage Dich, wie das Problem in einem Jahr aussehen könnte. Hat es dann noch Gewichtung?

Statt Bäumen, die Dir den Weg versperren, siehst Du dann wieder den Wald.

Dann nimm Deine Sorgen in Angriff. Entweder praktisch in Deinem Leben oder Du schafft erst einmal Ordnung in Deinen Kopf und vielleicht auch in Deiner Wohnung.

Sprich im Gebet Vergebung aus für jene, die Dir schaden. Danke für das Gute, das Du schon hast, damit Du mehr davon bekommst.

Ziehe somit den Sieg der Auferstehung in Dein Leben, den Jesus für uns errungen hat.

Problem: Schlechte Laune

So richtig <u>schlechte Laune</u>: Nichts will voran gehen. Dich nervt einfach alles. Das kreative Vorhaben erscheint Dir sinnlos und Du möchtest am liebsten aufgeben.

Wie Du Dir selbst helfen kannst

Kann es sein, dass Du kurz vor dem kreativen Durchbruch stehst?

Es ist vergleichbar mit einer Geburt. Denn kurz vor dem Durchbruch fühlt es sich an, als würde es nur mühsam voran gehen. Dann ist es wirklich sinnvoll eine kreative Pause einzulegen und an anderer Stelle weiter zu machen. Bleibe ruhig und zuversichtlich. Du wirst sehen, die Lösung wird sich Dir zeigen.

C Entwicklung der Deiner kreativen Fähigkeiten

Die besten Ideen kommen im Flow

Bestimmt hast Du das schon des Öfteren erlebt: Wenn Du so richtig „gut drauf" bist, dann fließt alles wie von selbst. Die Arbeit geht Dir leicht von der Hand und Du erlebst eine tiefe Zufriedenheit mit Dir selbst und dem, was Du tust. Die Zeit scheint still zu stehen. Du bist mühelos hochkonzentriert und selbst die schwierigsten Herausforderungen gelingen Dir wie von Zauberhand.

Dieser Zustand wurde 1975 von dem ungarischen Psychologen Mihaly Csikzentmihalyi näher beschrieben und als Begriff „Flow" geprägt. Csikzentmihalyi untersuchte diesen Zustand wissenschaftlich und veröffentlichte in den Folgejahren viele Publikationen dazu.

Er beschreibt sehr genau diesen entspannten, aber zugleich hoch konzentrierten Zustand, in dem alles spielerisch gelingt. Es ist wie ein Fließen von einer Aufgabe zur nächsten. So kam der Begriff „Flow" zustande.

Flow ist kein Zustand, in dem man außer Kontrolle ist. Ganz im Gegenteil: Man geht völlig im Moment des Tätig-Seins auf und dennoch weiß man ganz genau, was man tut. Denn man kann zu jeder Zeit die Tätigkeit unterbrechen.

Flow bewusst herbeiführen

Wie kannst Du also Flow, diesen Zustand höchster Leistungsfähigkeit immer wieder bewusst herstellen?

Eine gute Voraussetzung ist, dass Du stets in derselben Umgebung arbeitest, also unter denselben Bedingungen. Eine weitere ist, dass Du ungestört bleibst. Ständiges E-Mailchecken, Telefonate oder sonstiges Multitasking sind eher hinderlich.

Dazu kommt die intrinsische Motivation. Sie bedeutet, dass man eine Tätigkeit gerne macht, also um ihrer selbst willen. Tut man zum Beispiel etwas, um bei jemandem Eindruck zu schinden, Anerkennung zu erhalten oder um sich zu rechtfertigen, dann führt das eher seltener zum Flow-Erleben. Auch negativ empfundener Zeitdruck oder extreme Müdigkeit sind eher ungünstig.

Die Arbeit, die man ausführt, sollte nicht zu schwer oder zu leicht sein. Konzentriere Dich nicht auf das Flow-Erleben selbst, sondern auf die Aufgabe. Lass' alles andere los und fang' einfach an. Das Flow-Erleben stellt sich dann von selbst ein.

Natürlich gibt es auch Tage, an denen Du nur schwer in den Flow reinkommst. Flow entsteht in der Regel nur, wenn es uns ausreichend gut geht. Daher gönne Dir auch öfters mal eine Pause vom Leistungsdruck. Bei schlechter Laune, Übermüdung oder drückenden Sorgen kannst Du eine kreative Herausforderung auch einmal getrost beiseite liegen lassen. Denn nach jeder Auszeit agiert man hinterher umso erfrischter und gelassener mit neuer Kraft und mit neuem Schwung.

Überlege Dir, was für Dich gute Bedingungen sein könnten, um täglich bei der Arbeit in Flow zu kommen: Vielleicht ein aufgeräumter Schreibtisch, feste Zeiten, an denen Du Deine E-Mails checkst und telefonierst oder eine gute Tasse Tee, Kaffee oder ein anderes Lieblingsgetränk und dazu Musik oder Radio, wenn es geht?

Und falls Dir gar nichts hilft: Versuche einen speziellen Rhythmus zu finden, der Dir hilft in den Fluss der Arbeit hinein zu finden. Manche Tätigkeiten lassen sich zu bestimmten Zeiten oder nach bestimmten Tätigkeiten besser erledigen. Und wenn es einfach nur eine Aufzeichnung einer bestimmten Sendung ist, die Du nebenher laufen lässt, weil Du die Stimmung schätzt. Finde Deine persönliche Taktik für einen Einstieg.

Habe auch Mut zur Freude an der Arbeit. Arbeit muss gar nicht unliebsame Pflicht bedeuten, die keinen Spaß macht. Freude am Tun ist das Beste, das Dir passieren kann. Gönn' Dir also gute Gefühle bei der Arbeit. Gott freut sich darüber, warum nicht also auch Du?

Und wenn Dir der Flow so gar nicht gelingen mag – frag' Gott! Bitte ihn, Dir zu zeigen, wie es für Dich gehen kann. Gott ist nichts zu leicht und nichts zu schwer.

Daher: Lasse los, genieße, was Du genießen kannst und habe Freude bei dem, was Du tust. Dann kommen die guten Ideen wie von selbst.

Dein Kreativ-Prozess mit Gott

Wie Du sicherlich schon bemerkt hast, ist der Teil zur Vorbereitung auf den kreativen Prozess sehr umfangreich gewesen. Aus gutem Grund: Je besser Du vorbereitet bist auf den Kreativ-Prozess, desto erfolgreicher wirst Du sein. Dazu gehört auch, wenn Du diesen Weg mit Gott gehen willst, dass Du das folgende beherzigst:

Die Macht der Dankbarkeit

Damit Dir Dein Kreativ-Prozess gut gelingt, ist es hilfreich, die Macht des Universums in Anspruch zu nehmen. Man kann auch sagen, Du lässt Dir von Gott helfen, der dieses wunderbare Universum geschaffen hat.

Hast Du gewusst, dass wenn Du für etwas dankbar bist, Du mehr davon bekommst, weil Du über die Dankbarkeit die Freude des Universums über Dich in Dein Leben holst?

Daher danke Gott (oder dem Universum) für alles, was Dein Leben ausmacht. Ganz besonders für die Vorhaben, die Dich heraus fordern.

Zudem – wer für etwas dankt, der hält das Bedankte für wahr. So kann der notwendige Glaube entstehen. Auf diese Weise kannst Du über die Dankbarkeit fantastische Ergebnisse in Deinem Leben erzielen.

Daher mein Rat: Danke Gott für Deine Kreativität! Danke ihm im Voraus für die gute Idee, die Du haben wirst. So ziehst Du die besten Ideen in Dein Leben!

Plane das Gute und sprich es über Dein Leben aus

Wie Du weißt, haben Glaubenssätze viel Macht in unserem Leben, weil sie maßgeblich unser Denken mitbestimmen. Unser Denken wiederum bestimmt unsere Gefühle und Handlungen und schlussendlich mit, wie sich unser Leben entwickelt.

Aber unabhängig von jedem Glaubenssatz ist das tägliche Gebet oder das Affirmieren von Bedeutung. Überlege Dir genau, was Du im Leben erreichen möchtest und mache Dir einen Plan. Gehe ihn täglich einmal durch und spreche Deine Vorhaben laut oder in Gedanken aus. So vertiefst Du Deine positiven Erwartungen und bleibst gut organisiert. Passe Deinen Plan immer wieder neu den Gegebenheiten an. So entwickelst Du systematisch den Erfolg.

Dabei ist konstruktives Denken richtungweisend, weil wenn Du konstruktiv denkst, planst und entscheidest, Du immer auch Gottes Geist in Dein Leben bringst, der Dir geistlich gesunde Kreativität garantiert.

Wie auch immer – die gelungene Handhabe des Gesetzes der Anziehung ist das Erfolgsinstrument schlechthin. Neben der Gnade Gottes, dem Geschenk des ewigen Lebens an uns, ist es ein beherrschendes Thema der Bibel. Durch das Gesetz der Anziehung wirst Du kreativ und erfolgreich im Leben sein.

Und für den Spaß an der Sache – vergiss den Flow nicht. Denn er ist der Glücksbringer schlechthin! Im Flow sind wir kreativer und produktiver. Wir sind voller guter Energie und haben Spaß an der Sache. Mühelos und hochkonzentriert gelingen uns gute Ergebnisse.

Finde Deinen Stil

Alle Menschen sind verschieden. So denkt jeder über dieselbe Sache ein wenig anders. Das macht es so spannend, gerade im Hinblick auf Kreativität und Lösungsfindung.

Wenn es zudem noch gelingt, geschickt die Verhältnisse zu hinterfragen (siehe Kapitel *Hinterfragen ist Voraussetzung*), dann geschieht kreatives Denken in ungewohnten Denkwegen – eine gute Voraussetzung für neue Ideen.

Daher versuche Deinen eigenen Denkstil zu finden. Gut ist immer, wenn man einer Fragestellung nachgeht und dazu sich verschiedene Bereiche des Lebens anschaut. So kommt man leicht auf neue Ideen. Stelle Dir dazu Fragen aller Art. So regst Du neue Denkprozesse an.

Auch hier kann Dir die Innere Stimme behilflich sein. Sie ist zudem auch die Stimme unserer Kreativität und Problemlösung. Von Gott kommend ist sie der Heilige Geist in uns. Deswegen kannst Du ihr immer vertrauen. Sie begegnet jedem Menschen anders und so wie er es gebrauchen kann. Auf diese Weise kannst Du Deinen eigenen Rhythmus finden und Dich weiter entwickeln.

Mit der Inneren Stimme kannst Du Dich selbst effektiv führen. Dies ist absolut notwendig. Denn jeden Tag begegnen uns neue Hindernisse und Schwierigkeiten, die es zu meistern gilt. Sich selbst führen hat viel mit den eigenen Emotionen zu tun. Hier hilft eine persönliche Vision, die unserem Leben Sinn verleiht und unsere Emotionen in die richtigen Bahnen leitet.

Etwas Geduld ist erforderlich

Der Kreativ-Prozess ist meistens nicht ein Einfall auf einmal, der alle Fragen beantwortet und Probleme löst. Sondern mit den ersten Ideen kommen dann noch viele weitere, die diese ergänzen und erweitern.

Denn wie oft stehen wir unter Druck, alles auf einmal erledigt zu haben. Diese Erwartungshaltung übertragen wir dann auf den Kreativ-Prozess.

Es ist dagegen viel besser, die Aufgaben und Herausforderungen systematisch anzugehen und in mehrere Einzelschritte zu zerlegen. Rom ist bekanntlich auch nicht an einem Tag erbaut worden.

Der Lösungsvorgang kann also getrost in Teilschritten bewältigt werden. So ist es Dir viel besser möglich, immer wieder gute Ergebnisse herzustellen. Alles, was Du mitbringen musst, sind Deine persönlichen Erfahrungen und Dein Wissen und wie oben beschrieben – eine Frage, der Du nachgehst.

Wenn Du dann noch mit etwas Geduld den Kreativ-Prozess durchführst, dann zahlt sich das für Dich mehr als alles aus. Gerade dann, wenn uns der Kreativ-Prozess besonders schwer fällt, weil Du dann sehr wahrscheinlich kurz vor einem Durchbruch stehst.

Widerstandsfähigkeit tut not

Um gute Kreativ-Ergebnisse zu erzielen, braucht es eine gute Widerstandsfähigkeit, von den Psychologen auch Resilienz genannt. Warum ist das so? Nun, um kreativ zu denken und zu fühlen, musst Du in ungewohnten Möglichkeiten denken. Es ist wie ein Weg, den zuvor noch niemand beschritten hat. Er ist auch ein bisschen wie Schwimmen gegen den Strom, um zur Quelle zu kommen. Denn, wenn Du wie alle anderen in der gleichen Weise denkst, wirst Du keine neueren Ergebnisse bekommen. Diese sind meistens schon bekannt und werden bereits genutzt.

Die Widerstandsfähigkeit erlaubt Dir daher, immer wieder flexibel und angepasst auf Störungen und Krisen zu reagieren. Widerstandsfähig sind wir dann meistens, wenn wir wissen, was wir im Leben erreichen wollen. Sonst sind wir wie ein Schiff, das nur noch von den Wellen hin- und hergeworfen wird, weil es keinen eigenen Kurs verfolgt. Solltest Du noch keine klaren Ziele im Leben verfolgen, dann können jedoch gute Glaubenssätze Dein Leben stabiler gestalten.

Probleme als Chancen sehen

Ohne ein Problem gibt es keine Lösung. Was sich so banal anhört, ist jedoch eine Binsenweisheit. Daher lohnt sich der genaue Blick auf das Problem. Je besser Du das Problem erkannt und verstanden hast, desto besser kannst Du es lösen.

Denn unser Gehirn wird oft nur dann sehr aktiv, wenn es eine Art Not wahrnimmt. Dies gilt auch für den kreativen Prozess: Denn Not macht erfinderisch, wie ein bekanntes Sprichwort heißt. Satt und faul lässt uns meistens keinen Finger rühren.

Daher ist es immer gut für den kreativen Prozess, wenn Du als Ziel die Lösung einer Frage oder einer Problemstellung im Kopf hast.

So kann eine kreative Spannung entstehen, die Dir viele verschiedene Gedanken und Ideen bescheren kann.

Probleme als Chancen verstehen

Es lohnt sich Probleme ausfindig zu machen. Traue Dir zu, den Schwierigkeiten ins Gesicht sehen zu können. Du wirst auf neue Gedanken kommen, die Dich positiv inspirieren. Und daher brauchst Du auch keine Angst vor Problemen zu haben! Gott ist mit Dir, nimm einfach seine Gnade in Anspruch und handle so vernünftig, wie Du kannst.

Denn wenn Du Deine oder andere Probleme erkennst und anerkennst, dann weißt Du auch, dass sich hinter jedem

Problem eine Chance für eine Lösung verbirgt. Und mit dieser findest Du gute Gedanken und Ideen.

Es mag Dich ein wenig Mut und Überwindung kosten – aber es lohnt sich.

Egal ob Du persönliche oder berufliche Probleme lösen willst – so gehst Du erfolgreich vor:

Werde Dir Deiner unguten Gefühle bewusst

Problemen ins Angesicht zu sehen – das kann ungute Gefühle verursachen. Gefühle wie Unlust, Angst, Übelkeit, Wut, Traurigkeit oder Skepsis können uns komplett blockieren und ausbremsen.

Mache Dir aber bewusst, dass Du den Kampf schon halb gewonnen hast, wenn Du den Mut hast, dem Problem zu begegnen.

Recherchiere die nötige Information

Mache Dich schlau: Was ist der Stand der Dinge? Welche Lösungen gibt es bereits dazu? Google dazu im Internet, indem Du verschiedene Stichwörter dazu eingibst. Recherchiere auch nach Fachliteratur. Verlasse Dich dabei auf Deine Innere Stimme und gehe immer dem nächsten Impuls nach.

Beschreibe das Problem aus verschiedenen Perspektiven

Um das Problem besser zu erfassen, kann es hilfreich sein, das Problem aus verschiedenen Perspektiven zu sehen. Die Herausforderung ist somit, den eigenen Aufmerksamkeits-

Filter so weit wie möglich auszuschalten, mit dem wir den ganzen Tag die Informationen sieben, die auf uns so einprasseln.

Schlüpfe dafür in die Rollen Deiner Mitmenschen und überlege Dir, wie Deine Angehörigen, Freunde, Kollegen, Arbeitgeber oder Menschen aus anderen Kulturen, das Problem beschreiben würden. So erhältst Du verschiedene Sichtweisen und verstehst das Problem umso besser.

Ursachen umdefinieren, um das Problem zu lösen

Die meisten von uns haben gelernt, dass Ursachen nicht zu ändern sind. Das mag ja auch stimmen, aber wenn wir uns eine andere Ursache für ein Problem vorstellen, dann haben wir die Möglichkeit, eine andere Konsequenz heraus zu finden. Das weitet dann unseren Blick und so können wir leichter auf Lösungen kommen.

Auf diese Weise kannst Du somit das geistliche Gesetz der Anziehung sinnvoll für Deine Zwecke nutzen. Dieses Gesetz besagt, dass auf jede Ursache eine bestimmte Wirkung folgt.

Hier ein ganz einfaches Beispiel:

Ein Mann hat kein Geld, um eine Autoreparatur zu bezahlen. Sein Auto hat eine Beule.

<u>Die Ursache</u>: Er hat beim Autofahren mit dem Handy herum gespielt und so ereignete sich ein leichter Auffahrunfall ohne Personenschaden.

<u>Das Problem</u>: Er hat nicht genügend Geld zur Verfügung, um die Schönheitsreparatur zu bezahlen.

<u>Die Lösung</u>: Der Mann verändert die Ursache, in dem er Verantwortung übernimmt.

> „Ich habe den Unfall verursacht und übernehme die Verantwortung dafür. Ich lasse nun das Handy

immer in der Tasche, um in Zukunft Unfälle zu vermeiden."

„Um die Reparatur zu bezahlen, übernehme ich ebenso Verantwortung und organisiere meine Finanzen neu, um Geld anzusparen für eine Reparatur."

Um nun die Technik, sich eine andere Ursache vorzustellen, leichter anwendbar zu machen, habe ich mehrere Fragen zusammengestellt:

<u>Der erste Schritt: Die Situation analysieren</u>

Am einfachsten ist es, sich dazu ein Blatt Papier zu nehmen und anhand dieser Fragen Stichworte zu notieren. So lässt sich das Problem leichter anders betrachten. Infolge dessen kann sich ein tieferes Verständnis entwickeln, wie die Ursache des Problems noch gesehen werden könnte.

Fragen zur Ursache:

1. War es Zufall?
2. War die Ursache von jemandem beabsichtigt?
3. Ist die Ursache das Ergebnis falschen oder fehlerhaften Handelns?
4. Dauert die Ursache noch an?
5. Trat sie nur einmal auf?
6. Kann sie sich wieder ereignen?
7. Welche Umstände sind von Bedeutung?

8. Welche Faktoren sind beteiligt?
9. Ist die Ursache allmählich entstanden oder spontan?

Dazu ein Beispiel:

Folgendes Problem: Eine übergewichtige, dreißigjährige Bürokauffrau, die unter ihrem Übergewicht leidet.

Ursachenbestimmung:

1.	War es Zufall?	Nein
2.	War die Ursache von jemanden beabsichtigt?	Nein
3.	Ist die Ursache das Ergebnis falschen oder fehlerhaften Handelns?	Ja
4.	Dauert die Ursache noch an?	Ja
5.	Trat sie nur einmal auf?	Nein
6.	Kann sie sich wieder ereignen?	Ja
7.	Welche Umstände sind von Bedeutung?	Stress, Anforderungen im

	Job, stressige Kollegen
8. Welche Faktoren sind beteiligt?	Angst, sich zu blamieren
9. Ist die Ursache allmählich entstanden oder spontan?	Eher allmählich

Noch einmal sei gesagt: Wenn wir die Ursache für ein Problem erkennen, dann haben wir die Möglichkeit, die Ursache in Gedanken kreativ zu verändern.

<u>Der zweite Schritt: Die Ursache in einem Satz notieren</u>

Nachdem Du Dir Gedanken zur Ursache gemacht hast, kannst Du das Problem besser erkennen.

Nimm ein zweites Blatt Papier und beschreibe die Ursache in einem einzigen Satz und notiere ihn. So bekommst Du eine klarere Sicht der Dinge.

Dazu das Beispiel:

In einem Satz:

Die dreißigjährige Bürokauffrau hat Angst sich vor dem Kollegen zu blamieren und isst zu viel, um sich durch das

Übergewicht eine Art psychischer „Schutzbarriere" zuzulegen.

Der dritte Schritt: Ursache zur Lösung umdefinieren

Nun wird es spannend. Die Frage ist nun, wie lässt sich in Gedanken die Ursache anders definieren, sodass das Problem nicht mehr bestehen kann.

Das Beispiel:

Was die Situation der Bürokauffrau betrifft, so sind die Kollegen, wie sie eben nun mal sind. Nicht die Kollegen müssen sich ändern, sondern das Verhalten der Bürokauffrau, vor allem ihre Einstellung zu sich selbst.

Die Problemlösung:

Die Bürokauffrau sucht Schutz hinter einer „dicken" Barriere, da sie sich sonst zu sehr verletzbar und ausgeliefert fühlt.
Was kann sie also tun, um diese Schutzbarriere nicht mehr zu benötigen?

Sie kann über ein Selbstbewusstseinstraining selbstsicherer werden, sodass sie ihre körperliche Schutzbarriere gegen eine psychische Selbstsicherheit tauschen kann.

Zusammenfassend betrachtet mag diese Technik vielleicht ungewohnt sein. Denn wir sind gewohnt, Ursachen als gegeben zu betrachten und sie nicht in Frage zu stellen.

Jedoch können wir durch die Veränderung der Ursachen in Gedanken die Kontrolle über die Situation zurück gewinnen. Auch wenn manchmal gegen die eigenen Gewohnheiten gehandelt werden muss.

Mit etwas Übung kannst Du jedoch diese Technik mehr und mehr verinnerlichen und so wird Dich Deine Kreativität bereichern.

Entwickle kreatives Gespür

Die meisten Ideen sind das Ergebnis systematischer Überlegungen. Vielleicht verändert man ein Detail und schon verändert sich die Funktion derart, sodass eine neue Idee entsteht.

Aber es gibt noch den anderen Weg: Das kreative Gespür. Kreatives Gespür entwickelt sich, wenn wir einer Fragestellung nachgehen.

Ein einfaches Beispiel: Ein Autobastler überlegt sich, wie er sein Auto schneller tunen kann. Mit dieser Fragestellung im Hinterkopf geht er tüftelnd und ausprobierend ans Werk. Da er bereits über einen großen Erfahrungs- und Wissensschatz bezüglich Autos verfügt, kommt er ziemlich bald auf verschiedene Lösungen, von denen er eine auswählt und umsetzt.

Wenn Du ein kreatives Gespür entwickeln möchtest, dann stelle dir vor, wie es wäre, wenn Du Dein Ziel erreicht hättest. Was wäre dann anders? Wie fühlt sich das an? Lass' Deiner Fantasie freien Lauf und spinne ruhig Deinen Tagtraum aus. So aktivierst Du auch jene Kräfte In Dir, die gemäß dem Gesetz der Anziehung gute Lösungen in Dein Leben ziehen.

Eine nützliche Frage, die man immer stellen kann, ist: Was ist das Besondere in der Situation und am Problem? Was macht das Ganze so einzigartig?

So nutzt Du Dein kreatives Gespür, um eine intuitive Zielvorstellung zu entwickeln.

Denn wenn wir nicht wissen, was wir wollen, dann kommen wir nirgendwo hin. Daher braucht es Ziele, die wir verfolgen. Auch hier hilft Dir Deine Innere Stimme. Gerade dann, wenn Du so gar keine Ahnung hast, wohin es gehen soll. Folge immer dem nächstbesten Impuls nach, dann wirst Du an Dein Ziel gelangen.

Kreativität kann man nicht kontrollieren. Denn in dem Moment, in dem Du beginnst dies zu tun, beginnst Du, die Kreativität zu verwalten. Kreativität aber hat einen freien Geist, der sich nicht einordnen lässt. In dem Moment, in dem Du versuchst, Deine Kreativität in bestimmte Bahnen zu lenken, zerplatzt sie wie eine Seifenblase, die nur frei schwebend existieren mag.

Gut ist also, wenn es Dir gelingt, Deinen Gedanken freien Lauf zu lassen.

Lasse Deinen Gedanken freien Lauf

Es gibt nicht nur einen Weg zum Ziel. Anders gesagt, man kann ein Haus auf vielerlei Weise bauen und gestalten und dabei immer ein gutes Ergebnis erzielen.

So ist es auch mit unseren Gedanken. Kreativität lässt sich nicht planen, sondern nur entfalten. Wenn wir zudem unserer Inneren Stimme Raum geben, in dem wir Leerlauf in uns zulassen, können wir ungeahnte kreative Energien entfalten.

Wie Du weißt, ist unser Gehirn immer aktiv, auch wenn wir schlafen. Dann verarbeiten wir unsere Erfahrungen, was sich in ungeahnten kreativen Träumen zeigt.

Diese Kreativität kannst Du auch bewusst nutzen.

Erfahre nun, wie Du die Kreativität Deines Unterbewusstseins für Dich arbeiten lassen kannst.

Schritt 1: Entscheide Dich, Deine Gedanken einfach los zu lassen

Damit ist gemeint, dass Du Dir die gesamte Situation und alles, was Du bis dahin in Erfahrung bringen konntest, ganz entspannt durch den Kopf gehen lassen kannst. Wenn Du magst, kannst Du die Methode des Tagträumens nutzen. Das ist keine sinnlose Spinnerei, sondern es trainiert ungemein die Flexibilität Deines Denkens, Deine Vorstellungskraft sowie Deine Kreativität. Zudem zieht Tagträumen gute Ideen geradezu an gemäß dem Gesetz der

Anziehung, weil Du durch die Verstärkung Deines Wunsches eine Sogwirkung entfaltest.

Behalte also Dein Anliegen im Hinterkopf und richte Deine Gedanken nicht unbedingt auf etwas Bestimmtes. Du hast nun zuvor sehr viel Informationen zu den Ursachen des Problems und seiner Lösung durchgearbeitet. Nun ist es an der Zeit, dies erst einmal wirken zu lassen.

Lass' erst einmal alles in Ruhe „sacken" und nimm Dir Zeit. Es können Stunden sein oder auch einige Tage, gegebenenfalls auch einige Wochen. Wie Du sicherlich weißt, ordnet und verarbeitet unser Gehirn nachts die frisch gelernten Informationen und ordnet sie neu an. So können neue Zusammenhänge entstehen, aus denen dann originelle Ideen geboren werden. Es ist eine Art Reifeprozess.

Da man nie wissen kann, wann einem spontan Einfälle kommen, ist es hilfreich, immer etwas zum Schreiben oder ein Smartphone bei sich zu haben. Denn oft kommen Ideen, die man wieder vergisst, wenn man sie nicht gleich notiert. Sehr oft sogar auch, wenn man etwas Entspannendes unternimmt.

Mache Dir daher gar keine Sorgen, wenn Du glaubst, nie eine Lösung zu finden. Selbstzweifel oder schlechte Laune gehören manchmal dazu.

Du musst auch nicht ständig über alles nachdenken und nachbrüten. Das scheinbare Vergessen kann absolut Neues hervor kommen lassen. Beschäftige Dich getrost in der Zwischenzeit mit Dingen, die so gar nichts mit dem Problem zu tun haben.

Schritt 2: Kreative Leere zulassen können

Vielleicht kennst Du das. Du willst etwas hervorbringen, aber es tut sich nichts in Deinem Gehirn. Hier blockiert Deine Absicht den kreativen Prozess. Tue daher das absolute Gegenteil. Lasse die Leere zu.

Mit Leere ist hier alles gemeint: Von so gar keine Ideen haben bis gar keinen bestimmten Weg gehen zu wollen. Denn absichtslos sind wir eigentlich niemals. Denn wir wollen immer etwas. Daher brauchst Du Dir keine Sorgen zu machen, wenn Du so gar „keinen Plan" hast.

Anders gesagt: Leerlauf und Langeweile im Kopf machen erst kreativ. Zum einen, weil wir dann wieder „Platz schaffen" in unserem Gehirn und zum anderen, weil dann die unbewussten Gedanken besser an die Oberfläche kommen können. Denn unser Gehirn ist immer aktiv, rund um die Uhr. Vor allem ist es unser Unterbewusstsein, das so aktiv ist. Auch wenn uns das nicht so bewusst sein mag.

Also keine Sorge, es kommen immer wieder neue Gedanken in Dein Gehirn – ganz von selbst. Versuche doch einmal an gar nichts zu denken. Das geht bewusst nur eine kurze Weile lang. Es sei denn, Du bist sehr erfahren im Umgang mit Meditation. Denn normalerweise können wir gar nicht anders, als zu denken.

Unseren Geist schöpferisch nutzen

Die Natur verschwendet nie etwas an Substanz. Betrachte die Stein-, Pflanzen- und Tierwelt. Alles ist im Fluss und in einem ewigen Kreislauf eingebunden. Aus Steinen wird durch Erosion und Verwitterung Erde. Aus der Erde erwachsen Pflanzen, die dann von Tieren gefressen werden.

Und wie kreativ ist die Natur! Hier wird im Gegenzug nicht an Schönheit und Ästhetik gespart.

Der Mensch ist ein Teil dieser wunderbaren Schöpfung. Er ist von Gott geschaffen, um ebenfalls wie Gott und die Natur schöpferisch tätig zu sein. Darauf dürfen wir vertrauen, wenn wir kreativ sein wollen.

Unsere Erwartungshaltung lenkt den Erfolg

Es gibt noch etwas, das von großer Bedeutung ist: Deine Erwartungshaltung an Dich selbst.

Sie signalisiert Deinem Gehirn, ob Du Vertrauen hast in Dich selbst oder nicht. Wenn Du einmal die Erfahrung gemacht hast, dass Dir immer etwas einfällt, dann wirst Du Großes von Dir selbst erwarten. Dabei hilft Dir wie immer die Innere Stimme.

Jedoch können unbewusst Konflikte den Lösungsfindungsprozess ausbremsen. Wenn Du so gar nicht weiter kommst, dann überprüfe doch einmal Deine Glaubenssätze. Stimmen diese mit Deinen Vorhaben überein? Falls nicht, dann gehe, wenn Du magst, nochmals das Kapitel *Die Macht der Glaubenssätze* durch.

Wie auch immer: Erwarte von Dir selbst stets das Beste! Das soll keine Aufforderung für Leistungsdruck sein, sondern erwarte Gutes und lasse los. Du wirst sehen: Die Idee kommt ganz von allein. Man kann dies auch als das

Gesetz des Ausgleichs unserer Natur verstehen. Den durch Deine Erwartungshaltung wird eine Art Vakuum geschaffen, das dann eine Idee anzieht, um diesen leeren Raum zu füllen.

Und dann ist sie plötzlich da: Die wunderbare Idee

Er kann plötzlich wie aus dem Nichts auftauchen: Der Geistesblitz. Es kann ein Erlebnis sein, begleitet von aufwühlenden oder euphorischen Gefühlen. Es kann sich aber auch ganz banal und wie nebenbei ereignen. So als würde man routinemäßig die eigene Wohnung aufräumen.

Wahre Erleuchtung oder plötzliche Einsicht – egal wie Du es nennen oder erleben magst: Du hast eine neue Idee!

Meistens taucht sie so einfach und unvermutet aus dem Unbewussten auf, während wir einer scheinbar nicht relevanten Tätigkeit nachgehen.

Zum Beispiel passiert es, wenn Du Dich in einer Gruppe aufhältst. Dann kann eine scheinbar nebensächliche Bemerkung von einem der Anwesenden einen spontanen Einfall bei Dir auslösen.

Oder wenn Du gerade so am Einschlafen bist und ganz entspannt im Bett liegst – dann kommt sie plötzlich, die rettenden Idee.

Daher – wie absurd oder genial Dir Deine Idee auch erscheinen mag – halte sie schriftlich fest. Und zwar in den Worten, wie sie Dir in dem Moment des Entstehens einer Idee einfallen. Formuliere sie so konkret und emotional wie möglich. So hältst Du den Geist Deiner Idee schriftlich und damit auch für später noch genauso nachvollziehbar fest. Dies ist wichtig für die weitere Entwicklung Deiner Ideen.

Hat Deine Idee Potential?

Du hast eine Idee und bist begeistert und fasziniert. Bestens – das sollte auch so bleiben. Denn Begeisterung ist der Stoff, der zum Beispiel Kunden und Interessierte magisch anzieht.

Nun magst Du Dich fragen – wozu sollte man dann noch über das Potential Deiner Idee denken? Entweder ist eine Idee doch gut oder nicht?

Es ist so, dass selbst gute Ideen an der Realität scheitern können, wenn sie umgesetzt werden sollen. Eine Idee ist also nur so gut, wie sie anderen Menschen dient und sie dies honorieren. Ansonsten bleibt sie ein Gedanke, der zwar begeistert, aber eben auch nicht mehr.

Beim Einschätzen einer Idee gibt es so einige Fallstricke zu beachten. Die kniffligsten unter ihnen führe ich hier auf:

Die „Erste-Idee-ist-die-Beste" – Falle:

Auch wenn Dich das Gefühl trägt, „es" gefunden zu haben: Entwickle dennoch weitere Varianten. Oft sind es Kleinigkeiten, die den Unterschied ausmachen und zu großartigen Lösungen führen können. So überprüfst Du die Standfestigkeit Deiner Idee.

Die Überwindungsfalle

Die Umsetzung von gänzlich neuen Ideen ist vergleichbar mit dem Besteigen eines Berges, den zuvor noch keiner bezwungen hat. Es ist der schmale Pfad von dem auch Jesus spricht.

Man muss sich durch unbekanntes Terrain durchkämpfen und Hindernisse überwinden, die noch keiner zuvor überwunden hat.

Das kostet Mut und Disziplin. Aber wer überwindet, dem werde ich geben, mit mir auf dem Thron zu sitzen, so Jesus in der Offenbarung.

Gerade also, wenn es besonders schwer wird, bist Du am Vorankommen!

Die „Gibt-es-schon" – Falle:

Du bist begeistert von Deiner Idee und dann – oh Schreck – stellt Du fest, dass ein anderer sie auch schon hatte und damit sehr erfolgreich ist.

Dennoch kannst Du gerade hier enorm profitieren, wenn Du Deine Idee noch ein Stückchen weiter entwickelst als jene, die schon bekannt ist.

Du profitierst auch, weil sie schon das Vertrauen der Kunden erhalten hat. Denn nicht jede Idee, die neu auf den Markt kommt, wurde ganz von Anfang an entwickelt. Oft sind neue Varianten eines Grundtyps ganz besonders erfolgreich, weil sie die „Kinderkrankheiten" nicht mehr durchmachen müssen.

Ein Beispiel ist das Auto. Wenn man überlegt, wie viele Entwicklungen das Auto genommen hat, seit der Benzinmotor erfunden wurde. Es gibt unzählige Varianten und fast alle sind erfolgreich. Wenn Du beispielsweise einen gefragten Zusatznutzen bietest, dann kannst erstaunlich erfolgreich sein.

Die „Markt ist zu klein – Falle"

Handelt es sich bei Deiner Idee um ein Liebhaberprodukt oder löst es ein Problem, dass sehr viele Menschen haben?

Wenn es Dir nicht darum geht, genügend Geld zu verdienen, sondern Du Dich selbst und einige wenige Menschen mit Deinem Produkt glücklich machen willst, dann hat dies durchaus seinen Sinn.

Wenn Du jedoch finanziell erfolgreich sein möchtest, dann kommst Du nicht daran vorbei, Dir Gedanken zu machen, ob es überhaupt einen Markt dafür gibt und zu welchen Bedingungen. Versuche heraus zu bekommen, wie die Trends der Zukunft sich entwickeln werden. Passt Dein Produkt dazu? Wenn dem so ist – dann herzlichen Glückwunsch! Falls es nicht so sein sollte, dann überlege Dir, ob Dir die Kosten der Entwicklung das Ganze wert sind.

Ideen gelungen umsetzen

Du hast nun die eine Idee oder eine Fülle von Ideen entwickelt und Dich entschieden sie Wirklichkeit werden zu lassen. Nun geht es an die Umsetzung. Dies kann im Privaten wie im Beruflichen geschehen.

Ideen sortieren

Um eine gewisse Übersicht in Deine Gedanken und Ideen zu bringen, ist es sinnvoll, Deine Ideen erst einmal zu sortieren.

Dies kann nach Kategorien geschehen. Praktischer und sinnvoller ist es jedoch, sie nach Nützlichkeit zu sortieren, so gefühllos das auch klingen mag. Überlege Dir, wem die Idee dienen sollte. Wie sollte sie das Leben von Menschen verbessern? Welche Probleme sollte sie lösen? Gibt es einen roten Faden, der sich durch Deine Ideen zieht und ein bestimmtes Thema ausdrückt?

Falls Du eine Idee hast, die vielleicht nur sehr wenigen nützen könnte, dann überlege Dir, ob sie Dir dennoch die Freude am Basteln, Tüfteln und Ausprobieren gibt. Auch dann wäre es eine sinnvolle Erfindung.

Einen Plan zurecht legen

Auch gute Ideen setzen sich meist nicht von alleine um. Daher einfach drauf loshandeln, kann zwar funktionieren, aber besser und effektiver ist es planvoll vorzugehen. Ich nenne das auch den Organisationseffekt.

Als erstes solltest Du Dir daher etwas an Extra-Zeit für Dein Projekt reservieren. Plane dann, wie Du taktisch vorgehen möchtest.

Eine gute Möglichkeit, die eigene Idee gekonnt umzusetzen, ist rückwärts denkend zu planen.
Welche Wirkung soll Deine Idee auf Deine Mitwelt entfalten? Was möchtest Du mit Deiner Idee erreichen? Hast Du eine Art Botschaft an die Welt oder an die Gesellschaft?

Gehe mit viel Geduld an die Umsetzung heran. Denn in der Geduld liegt eine besondere Art von Magie, die jene Energie entfaltet, in der sich ein Durchbruch dann doch überraschend sich ereignen kann.

Wie reagiert Dein Umfeld?

Oft verändern wir uns selbst durch unsere Ideen, weil wir als Persönlichkeit mit ihnen wachsen. So sind wir dann völlig „wie von den Socken", wenn unser Umfeld mit Unverständnis reagiert. Da hilft nur Nachsicht. Oft sind unsere Mitmenschen ein wenig überfordert, wenn plötzlich völlig Neues im Raum steht.

Es ist so, dass unser Gehirn erst einmal mit Abwehr reagiert, da eine Veränderung, die nicht gleich verstanden wird, auch eine Gefahr bedeuten kann. Denn neurobiologisch hat sich unser Gehirn in den letzten

Zehntausenden von Jahren nicht viel verändert. Es ist, also ob wir immer noch im Urwald lebten mit wilden Tieren und vielen Gefahren. Da ist es überlebenswichtig vorsichtig zu bleiben. Und so reagieren wir heute immer noch, auch wenn es keine wilden Tiere mehr gibt.

(Eine kleine Anmerkung hierzu: Ich persönlich glaube, dass die Wissenschaft der Evolution und der Glaube sich nicht gegenseitig ausschließen. Meiner Ansicht nach hat Gott die Evolution geschaffen.)

Daher lasse Deinen Mitmenschen die notwendige Zeit, die Veränderung erst einmal in Ruhe kennen zu lernen. Erkläre genau, worum es Dir geht und wofür es gut ist. Du wirst sehen, dass dann Deine Idee ihre Akzeptanz findet.

Bedenken beiseite räumen, sich nicht irritieren lassen

Wie so oft, wenn etwas Neues entsteht, gibt es immer jemanden, der darüber zu meckern hat oder ohne ersichtlichen Grund dagegen ist. Lasse Dich davon nicht beirren. Es gibt Menschen, die Veränderungen grundsätzlich scheuen. Oder es sind die chronischen Rechthaber, die einem das Leben so schwer machen.

Halte entschlossen dagegen und lasse Dich auch von folgenden zwei Einwänden nicht aus der Ruhe bringen:

Der „Gab es schon immer"-Einwand:

Überlege Dir: Nur weil Probleme schon immer existierten und viele Menschen sich daran gewöhnt haben, ist es doch kein Grund sie beizubehalten?

Ganz im Gegenteil:

Was Unternehmen oder Projekte betrifft, so eröffnen sich durch neu erkannte Probleme neue Chancen für Produktideen und oder Projektideen.

Lasse Dich von den Traditionalisten nicht aus der Ruhe bringen. Setze Deine Leidenschaft für neue Ideen sanft, aber entschieden durch.

Der Zufriedenheitseinwand

Wenn man mit der eigenen Leistung zufriedenen ist und alles so weiter laufen könnte wie bisher, läuft man Gefahr, manchmal den Wandel der Dinge zu verschlafen und Trends nicht zu erkennen. Ich möchte mich an dieser Stelle nicht gegen Zufriedenheit aussprechen, aber es ist gut, immer wieder neue Ziele vor Augen zu haben. Das schärft den Blick für das Notwendige. Behalte daher Deine persönliche Vision oder die des Unternehmens, für das Du arbeitest, immer im Blick und frage Dich immer wieder, ob Du noch mit dem Fluss des Lebens gehst.

Mache Dir bewusst: Ein guter Problem-Blick ist die beste Vorrausetzung, die Dir für die Entwicklung guter Ideen widerfahren kann! Denn mit dem Wunsch, das Problem zu lösen, ziehst Du die förderlichen Gedanken an. Deine Unzufriedenheit mit dem Status Quo, eröffnet Dir einen neuen Weg zu ungeahnter Kreativität.

Du kannst also getrost zuversichtlich sein: Hinter jedem Problem verbergen sich viele Möglichkeiten für außergewöhnlich gute Lösungen.

Die eigene Positionierung als Experte

Um sich als Experte zu positionieren, zu dem die Kunden wie von selbst kommen, ist es hilfreich, sich der eigenen Motive bewusst zu werden.

Frage Dich, was Deine Botschaft an die Welt ist. Was möchtest Du Deinen Mitmenschen mitteilen? Soll Deine Idee die Welt verändern? Was möchtest Du für Dich selbst erreichen?

Der zweite Tipp, den ich Dir mitgeben möchte: Bleibe authentisch. Sich auf Dauer zu verstellen, ist zudem recht anstrengend und auch nicht immer durchzuhalten. Zudem schätzen Deine Mitmenschen und Kunden Deine Aufrichtigkeit, da Vertrauen die Währung Nummer 1 im Verkauf ist.

Selbstverständlich ist es ebenfalls, stets gute Qualität zu liefern, die einen Mehrwert für den Verbraucher bietet. Niemand möchte sich betrogen fühlen.

Biete dem Verbraucher zusätzliche Vorteile, wenn er Dein Produkt erwirbt. Eine Möglichkeit zum Beispiel ist eine Geld-zurück-Garantie, die erkennbar über der 14-tägigen Widerrufsfrist liegen muss.

Damit der Verbraucher weiß, was Dein Produkt so wertvoll macht, ist es unerlässlich, ein Alleinstellungsmerkmal heraus zu arbeiten. Nur so hebst Du Dich von der Masse der Anbieter erfolgreich ab. Kommuniziere, was das Besondere an Deinem Produkt ist und welchen Nutzen es für den Kunden hat. „Was ist für mich drin?" ist die immerwährende Frage, die der Kunde stellt.

Spezialisiere Dich daher auf ein Kernthema, das Dir liegt und überlade es nicht mit wahllos vielen Produkten, die Deine Ideen beliebig erscheinen lassen.

Dabei solltest Du immer vergleichende Werbung vermeiden. Zum einen ist sie nur bedingt gesetzlich erlaubt und zudem kommt sie meist schlecht beim Kunden an, da sie das soziale Empfinden verletzt.

Das Marketing vom Kunden her denken

Diese Wahrheit ist an für sich nichts Neues. Aber zu oft verliert man diese Perspektive immer wieder neu aus dem Blick.

Überlege Dir in Ruhe, für welche Zielgruppe Du Dein Produkt entwickelt hast und stimme Deine Werbekommunikation darauf ab. Sei' Dir bewusst, dass Du stets eine erfolgversprechende Lösung für ein Problem anbietest, das der Kunde hat.

Ebenso wichtig ist es, darauf zu achten, dass Vertrauen zwischen Dir und dem Verbraucher entsteht. Sprich' ihn im Marketing persönlich an. Wenn er sich als Mensch wahrgenommen fühlt, dann steigt die Bereitschaft, das Produkt zu erwerben.

Verbraucher emotional binden

Eine der besten Möglichkeiten ist es, den Verbraucher in seiner Wunschidentität zu bestätigen. Die Wunschidentität ist nichts anderes, als das was der Verbraucher sich zu sein wünscht. Die Wunschidentität hat somit die Funktion, den eigenen Selbstwert zu erhöhen. Zum Beispiel ist das Thema des sozialen Status ist ein ewiger Dauerbrenner.

Nicht nur um die Lebensqualität zu erhalten, sondern auch um weiterhin zu jenen zu gehören, die „es geschafft" haben . Nicht selten wird dieser Wunsch in der deutschen Werbung genutzt. So sieht man oft gutsituierte Menschen in großbürgerlich eingerichteten Häusern.

Zudem schüttet die Beschäftigung mit der Wunschidentität im Gehirn die chemischen Botenstoffe Endorphin und Oxytocin aus. Endorphin ist ein Botenstoff, der Glücksgefühle bewirkt und Oxytocin ist bekannt als das „Bindungshormon". Wenn Du als dem Verbraucher seine Wunschidentität immer wieder nahe bringst, dann bindest Du ihn sozusagen an Dich, bzw. an Dein Produkt, Deine Marke und Deine Ideen.

D Bewährte Kreativ-Methoden

Wie Kreativ-Methoden helfen

Kreativität ist nichts Mystisches, sondern gelerntes Handwerk. Auch bei Kindern entwickelt sich Kreativität erst mit der Erfahrung. Der Unterschied zwischen Kindern und Erwachsenen ist, dass Kinder viel unbefangener an die Sache heran gehen und sich daher leichter tun.

In den darauf folgenden Kapiteln sind verschiedene Kreativ-Methoden aufgeführt. Schaue sie Dir in aller Ruhe an und wähle jene aus, die Dir am meisten zusagen. Sie wurden ausgewählt, um die eigene Erfahrung in gute Ideen umzuwandeln.

Was können Kreativ-Methoden nun leisten?

- Sie regen systematisch neue Denkprozesse an.
- Sie brechen Denkblockaden auf.
- Sie kreieren in kürzester Zeit viele neue Ergebnisse.
- Sie zeigen neue Perspektiven auf.
- Sie fördern die eigene Persönlichkeitsentwicklung.
- Und sie machen Spaß, weil man im Voraus weiß, dass man gute Ideen entwickelt.

Geht es auch ohne sie? Ja, selbstverständlich. Es gibt Menschen, die haben gelernt einfach entspannt und multiperspektivisch einer Fragestellung nachzugehen und schon kreieren sie gute Ideen.

Wenn Du magst, dann lese nochmals das Kapitel „Lasse Deinen Gedanken freien Lauf".

Daher helfen Kreativ-Methoden auch immer jenen, die sich etwas schwerer tun, frei zu assoziieren. Oft sind wir einfach zu gestresst vom Alltag, der von uns eine Disziplin abverlangt, die es uns nicht immer erlaubt, unseren Gefühlen und Gedanken freien Lauf zu lassen.

Durch Kreativ-Methoden erhältst Du zusätzliche kreative Impulse. Das kann Dein kreatives Selbstvertrauen unterstützen und fördern. Du weißt, dass Du dann immer wieder neu kreativ sein kannst. So wirst Du selbstsicherer, von Dir selbst überragende Ergebnisse zu erwarten.

Wichtig ist daher Deine Erwartungshaltung. Wenn Du kein Bedürfnis hast oder keine Leidenschaft verspürst, eine Lösung zu finden, wird es weniger wahrscheinlich geschehen.

Daher kann ich nur empfehlen: Verlasse Dich auf Deine Innere Stimme und Du wirst mit der Zeit ein kreatives Gespür entwickeln. Zusammen mit den Kreativ-Methoden wirst Du dann immer wieder Ergebnisse erlangen, die Dich selbst erstaunen werden, wozu Dein Geist fähig ist.

Denn wir Menschen können eigentlich gar nicht ohne Kreativität existieren. Die Frage ist nur, wie wir sie nutzen und wozu sie uns dienen soll.

Manchmal jedoch, steht uns der eigene Stolz im Wege. Wir wollen gleichzeitig autonom sein und dennoch „echte"

Kreativität leben und verzichten daher lieber auf Methoden. Wenn Du diesen Impuls verspürst – dann gehe ihm nach und probiere es aus.

Sollte es dann nicht klappen, dann kannst Du dennoch getrost auf die Kreativ-Methoden zurückgreifen. Im Internet oder in Büchern findest Du viele weitere, mehr als in diesem Training beschrieben werden.

Denn Methoden begrenzen die Kreativität nicht in uns. Im Gegenteil: Sie helfen uns, uns selbst zu entfalten. Denn Kreativität ist auch eine Antwort auf das Bedürfnis des Menschen nach Unendlichkeit. Kreativ-Methoden unterstützen uns unsere Sehnsucht, in die richtigen Bahnen zu lenken. Dafür wünsche ich Dir viel Erfolg und gutes Gelingen.

Klassisches Tüfteln

Diese Möglichkeit kreativ zu arbeiten, ist eigentlich keine Methode, die als solche bekannt ist. Da aber viele Erfinder und Entwickler auf diese Weise vorgehen und auf diese Weise erfolgreich sind, möchte ich diese Vorgehensweise vorstellen.

Was ist also Tüfteln?

Tüfteln ist nichts anderes als das Vorgehen nach der Versuch-und-Irrtum – Methode. Wenn Du also einer Fragestellung nachgehst, dann probierst Du – oft spielerisch – so lange herum, bis Du auf Ergebnisse stößt, die noch keiner zuvor herausgefunden hat und die Lösungen bedeuten können.

Das Besondere an dieser Methode

Tüfteln benötigt vor allem Geduld, Ausdauer und Vorfreude auf Ergebnisse, die zuvor noch keiner herausgefunden hat. Zudem sind sehr viel Neugier, Forschergeist und Leidenschaft für das Thema gefragt. Um mit dieser Methode erfolgreich zu sein, solltest Du das Thema gerade zu lieben. Es sollte Dir Freude bereiten, Dich immer wieder damit zu beschäftigen und kniffligen Fragestellungen nachzugehen.

Die Problemstellung, die Du erforschst, kann alle nur erdenklichen Themen umfassen. Von ganz praktischen Problemen aus dem Alltag bis hin zu großen philosophischen Fragen der Menschheit.

So gehst Du vor

Da man Tüfteln vor allem auch systematisch angehen kann, kann man das Erfinden geradezu lernen. Thomas A. Edison war ein klassischer Tüftler und machte es uns vor. Er ging Fragen, die er hatte, solange nach bis alles so funktionierte, wie er es haben wollte.

Dabei helfen folgende Tipps und Techniken:

Überlege Dir, ob Dein Thema eine Lösung zu einem Problem darstellt, das Menschen beschäftigt. Edison wollte nur Dinge erfinden, die sich auch verkaufen ließen. Selbstverständlich musst Du nicht etwas erfinden, was andere haben wollen. Aber es gibt Dir mehr Freude und Zufriedenheit, wenn Deine Erfindung anderen Menschen dient.

Mache Dir einen Plan, wie Du genau vorgehen willst und halte alles schriftlich fest. Passe Deinen Plan immer wieder dem neuesten Stand an. Hier kannst Du zum Beispiel die Methode der Morphologischen Matrix nutzen, die Dir helfen wird, neue Elemente zu finden und miteinander zu kombinieren. Die Morphologische Matrix findest Du drei Kapitel später aufgeführt.

Nutze auch hier Deine Intuition und erspüre, wo jeweils der nächste Impuls liegt, um zu handeln. Das ist nichts anderes, als dass Du auf Deine Innere Stimme hörst, die Dir den Weg zum Erfolg weist. Sei nicht zu stolz, um Dir von ihr helfen zu lassen.

Sei auch gewiss, dass jedes scheinbar sinnlose Ergebnis immer auch zu einem neuen Weg führen kann. Und falls nicht, dann weißt Du, dass diese Wegrichtung nicht weiterführt, aber dafür eine andere. Tüfteln erfordert nun mal viel Geduld. Schludrigkeit oder „Huddelei" wie die Badener sagen, bringen Dich auf keinen Fall weiter.

Worauf Du achten solltest

Rede über Dein Projekt – denn Fragen, die Menschen an Dich stellen, bringen Dich weiter. Auch sogenannte „dumme" Fragen, können Dich auf neue Ideen bringen. Daher tue Vorschläge, die Du erhältst, nicht als unnütz ab, sondern probiere dazu Neues aus.

Sprich auch über den Erfolg, den Du erwartest. Sei nicht auf falsche Weise bescheiden. Wenn Deine Mitmenschen von Dir Großes erwarten, kann Dich das nur unterstützen.

Bete für Deinen Erfolg. Sprich' Gutes über Dein Vorhaben aus. Danke Gott im Voraus für die guten Ergebnisse, die Du haben wirst. So entsteht eine Art geistlicher Sog, der den Erfolg geradezu magisch anzieht.

Finde Deinen eigenen Tüftel-Stil: Überall in der Welt tüfteln und erfinden Menschen und haben einen Riesenspaß dabei. Zum Teil mögen es sinnfreie Erfindungen sein wie zum Beispiel ein Toaster, der seine Toasts fünf Meter hochschießt, so geschehen in England. Oder ein Tüftler erfand in den Niederlanden eine Straßenpflastermaschine, damit Arbeiter sich nicht mehr ständig auf Knien bücken müssen, für die sich immerhin zehn Käufer fanden.

Was Du auch immer erfinden willst – ich wünsche Dir die Freude am Entdecken und den Mut, die Herausforderung anzunehmen.

Kopfstandtechnik

Diese Methode hat es in sich. Du darfst einmal so richtig auf den Putz hauen: Alles was Dich stört, nervt oder belastet, kannst Du loswerden. Du darfst sprichwörtlich alles auf den Kopf stellen, um über das Gegenteil zum Negativen die Lösung zu finden.

Diese Methode ist somit ideal für Zweifler, Schwarzseher, Kritiker und geeignet für alle, die mit dem Status Quo nicht zufrieden sind und die Verhältnisse ändern wollen.

Die Kopfstandtechnik wird dem britischen Kognitionswissenschaftler Edward de Bono zugeschrieben, der das kreative Denken studierte und das Verständnis darüber in mancherlei Hinsicht revolutionierte.

Das Besondere dieser Methode

Zu oft wissen wir nicht, was wir wollen oder was eine Lösung sein könnte. Jedoch wissen wir meistens ziemlich genau, was wir nicht wollen.
Dieses Wissen kann jedoch sehr effektiv genutzt werden, in dem man das Negative ins Positive verkehrt und somit neue Ideen und hilfreiche Gedanken hervorbringen kann.

So gehst Du vor

1. Sammle alle Problemstellungen und Begriffe, die Du nicht willst und halte sie schriftlich fest. Am besten Du formulierst ganze Sätze, mit denen Du die Situation beschreibst.

2. Formuliere das Gegenteil von allen Begriffen, die Du gesammelt hast.

   Aber: Verwende keine Verneinung.

Ein einfaches Beispiel:	Die Kinder langweilen sich und streiten nur.
Das Gegenteil:	Die Kinder spielen ein spannendes Spiel und sind friedlich.

3. Formuliere nun das Problem als Frage:

Beispiel:	Welche Spiele sind friedlich und spannend zugleich?

4. Sammle alle Ideen dazu, auch die „verrückten":

   Beispiele:

   Brettspiele wie „Fang den Hut"

Outdoorspiele wie „Ochs am Berg" oder „Räuber und Gendarm"

Kreative Tätigkeiten wie Salzteig kneten

Worauf Du achten solltest

Lasse Dich nicht beirren, wenn Du am Anfang ein wenig verwirrt bist von dieser Methode. Wir sind es oft zu sehr gewohnt, immer zu allem Ja und Amen zu sagen und keinen Widerstand zu leisten.

Die größte Herausforderung bei dieser Methode ist das Umdenken vom Negativen ins Positive. Denn oft scheint es leichter, alles schwarz zu sehen als das Gute in den Dingen und Situationen zu entdecken. Daher ist diese Methode auch für den Alltag zu wertvoll. Sie ist in vielen Bereichen anwendbar und kann Dein Leben zum Guten revolutionieren. So kannst Du Deine negativen Erfahrungen nutzen und etwas Positives daraus machen.

Sechs Denkhüte

Die Methode stammt ebenfalls von Edward de Bono. Es geht darum, eine Fragestellung oder ein Problem aus verschiedenen Blickwinkeln zu betrachten, um neue Gedanken und Ideen zu generieren.

Gewöhnlicherweise wird sie in der Gruppe angewandt. Jede Person setzt sich einen der Hüte auf, nimmt die jeweilige Rolle ein und äußert ihre Meinung aus der jeweiligen Perspektive.

Denn wenn viele verschiedene Meinungen verschiedener Leute aufeinander treffen, entstehen durch die Auseinandersetzung besonders leicht neue Ideen. Dieses Prinzip macht sich das „Sechs Denkhüte Modell" zu Nutze.

Damit diese Methode aber auch als Einzelmethode verwendet werden kann, stelle ich sie hier in abgewandelter Form vor.

Das Besondere dieser Methode

Damit diese Methode nur von einer Person durchgeführt werden kann, werden die verschiedenen Rollen von Personen aus Deinem Bekanntenkreis eingenommen. Diese lässt Du dann in Deiner Vorstellung zu Wort kommen.

So fällt es leichter verschiedene Perspektiven einzunehmen und das Problem somit aus verschiedenen Perspektiven zu betrachten.

So gehst Du vor

Überlege Dir, welchen Fragen Du nachgehen oder welche Probleme Du in Angriff nehmen möchtest.

Anstatt, dass Du Dir abwechselnd jeweils einen der Hüte in Gedanken oder real aufsetzt, ordnest Du stattdessen die verschiedenen Hüte Deinen Freunden oder Deinen Bekannten zu und schreibst ihre Namen in die zweite Spalte des unten aufgeführten Tools.

Am besten wählst Du Personen, deren persönliche Eigenschaften am ehesten der Rolle des Hutes entsprechen. Der Kniff ist, dass es auf diese Weise leichter fällt, jeweils aus ganz einer anderen Perspektive zu denken.

Zu Beginn ordnest Du den Denkhut des Analytikers einer Person aus Deinem Bekanntenkreis zu, die beispielsweise einen wissenschaftlichen oder technischen Beruf ausübt. Das kann auch jemand sein, den Du aus den Medien kennst.

Oder zum Beispiel ordnest Du den Denkhut des Strukturierten vielleicht einem Deiner Freunde zu, der dem Beruf eines Verwaltungsangestellten nachgeht und perfekt dazu neigt, immer alles in Ordnung zu halten.

In die dritten Spalte schreibst Du dann, wie die Person das Problem beschreiben würde. Auf diese Weise bekommst Du viele neue Perspektiven, die Dich zu neuen Ideen führen können.

Denkhut	Person aus dem eigenen Bekanntenkreis	Wie würde diese Person das Problem beschreiben?
Der Analytiker trägt und sammelt neutral Fakten, Zahlen und Daten.		
Der Emotionale drückt alles subjektiv in positiven oder negativen Gefühlen aus.		
Der pessimistische Kritiker kritisiert und zweifelt alles an; findet die Schwächen und Risiken.		

Der Optimist benennt die Stärken und realistischen Chancen.		
Der Kreative äußert absurde und provokative Ideen.		
Der Strukturierte bringt Ordnung in das Ganze und gibt einen Überblick.		

Worauf Du achten solltest

Lasse Dir Zeit, in die Rolle der jeweiligen Person zu schlüpfen. Überlege Dir, welche Anforderungen das Leben an die jeweilige Person stellt. Welche Motivation hat diejenige Person so oder so zu reagieren? Was treibt sie an?

Um die Gedanken leichter fließen zu lassen, beginne mit der Person, die Dir am leichtesten fällt.

Bewerte nicht gleich die Ideen, die Dir einfallen. Lasse jede Person innerlich zu Wort kommen.

Morphologische Matrix

Die Morphologische Matrix ist eine sehr kognitive und systematische Methode. Sie ist besonders gut geeignet, wenn die eigenen Gefühle nicht mitmachen oder Dich blockieren.

Gerade auch bei sehr komplexen Aufgaben kann sie sehr ungewöhnliche Ergebnisse erzielen. Entwickler der Methode ist der Schweizer Astrophysiker Fritz Zwicky. Seine Idee war es für jede Aufgabenstellung ein Ordnungssystem zu schaffen, mit dem alle denkbaren Lösungen systematisch gefunden werden können.

Das Besondere dieser Methode

Das Wort „Morphologie" entstammt dem Altgriechischen und bedeutet: „Lehre von Ordnung, Form, Struktur und Gebilden". Idee für diese Methode ist somit die Anregung neuer Gedanken, indem verschiedene Elemente systematisch miteinander verknüpft und geordnet werden.

So gehst Du vor

1. Entscheide Dich für eine Fragestellung oder ein Thema, dem Du nachgehen willst.

2. Zerlege das Problem oder das Thema in seine Einzelteile. Wenn es sich um einen Prozess handelt,

dann zerlege ihn chronologisch in seine Einzelschritte.

3. Für jedes Einzelteil überlege Dir eine passende Kategorie.

4. Lege eine Tabelle an und schreibe die Kategorien nebeneinander.

5. Finde zur jeder Kategorie verschiedene Varianten und schreibe sie untereinander unter die Kategorie.

Diese Varianten können miteinander unterschiedlich kombiniert werden, aus denen sich verschiedene Ideen entwickeln lassen.

Ein Beispiel:

Thema definieren: In den Urlaub fahren

Einzelteile ermitteln: Familie – Auto – Berge – Zelten – Sommer – Wandern

Dazu die passenden Kategorien finden und eine Tabelle erstellen:

Familie → Personen
Auto → Fahrzeug

Berge → Ort
Zelten → Unterkunft
Sommer → Jahreszeit
Wandern → Aktivitäten

Zu den Kategorien verschiedene Varianten finden und unter die Kategorien schreiben:

Personen	Fahrzeug	Ort	Unterkunft	Jahreszeit	Aktivität
Ehepaar	Motorrad	USA	Motels	Frühjahr	Land erkunden
Jugendliche	Bus	Mittelmeer	Clubhaus	Sommer	Spaß haben
Frauengru-ppe	Zug	Schweiz	Hotel	Winter	Ski fahren
usw.					

Beispiel für eine neue Kombination:

Ein Ehepaar fährt mit dem Bus im Sommer in die Schweiz, um Spaß zu haben.

So entsteht eine Matrix, in der sehr viele verschiedene Kombinationen von Einzelteilen miteinander kombiniert werden können. Das Ergebnis sind dann viele neue Ausprägungen, die unterschiedliche Möglichkeiten hervorbringen.

Worauf Du achten solltest

Probiere aus und spiele auch ungewöhnliche Kombinationen von Details durch. Dadurch können ganz frische Ideen und ungewöhnliche Situationen entstehen. Schreibe auch unsinnige Gedanken auf. Auch diese können Dich später auf einen neuen und realistischen Gedanken bringen.

Lassen sich mehrere Merkmale nicht kombinieren, dann erfinde, wenn Du magst andere hinzu oder lass' diese Kombination aus.

Die morphologische Matrix kann auch dazu dienen, Ordnung in chaotische Situationen zu bringen und einen Überblick zu verschaffen.

Besser Strukturieren durch Mindmapping

Wer kennt sie nicht – die gute alte Mindmap. Ob nun alt und schon überall bekannt, sie hat nichts von ihrer Dynamik eingebüßt. Sie wird von Professionellen wie Privatanwendern gleichermaßen genutzt.

Mindmapping wurde in den 70er Jahren von Tony Buzan entwickelt und dient vor allem der Ideenfindung und der Strukturierung von Themen. Eigene, unstrukturierte Gedanken können mit ihrer Hilfe leichter in eine strukturierte Form gebracht werden.

Das Besondere dieser Methode

Durch die graphische Darstellung kann eine Aufgabenstellung übersichtlich gegliedert werden. Mindmaps sind daher weniger geeignet, um eine Problemlösung oder ein Thema umfassend zu erforschen. Jedoch kann angesichts der neu geschaffenen Ordnung ganz überraschend sich ein kreativer Geistesblitz einstellen, der eine Lösung hervor bringt.

Im Allgemeinen ist Mindmapping einfach zu handhaben und daher für die verschiedensten Aufgaben und Problemstellungen geeignet.

Beide Gehirnhälften werden beim Mindmapping aktiviert. Das überwiegend bildhafte Denken der rechten Gehirnhälfte wird in lineare Denkstrukturen übersetzt und eröffnet somit neue Ideen.

So gehst Du vor

Lege Dir ein möglichst großes Blatt zusammen mit ein paar bunten Stiften zurecht.

Nehme das Blatt Papier quer und schreibe in die Mitte den zentralen Begriff. Wenn Du magst, dann versehe ihn mit einem passenden Bild, Symbol oder Zeichen.

Zeichne nun vom zentralen Begriff ausgehend verschiedene „Äste", die jeder einen weiteren Unterbegriff beinhalten. Übersichtlicher wird es, wenn Du für jedes Thema eine andere Farbe nimmst. Auch hier kannst Du zu den Begriffen, Bilder, Symbole, Zeichen oder Smileys zeichnen. Du kannst also so richtig nach Herzenslust kreativ und humorvoll werden. Wenn Du Mindmapping öfters anwendest, dann wirst Du immer mehr Deinen eigenen Stil finden.

Worauf Du achten solltest

Überlege Dir, wie Du die Mindmap gestaltest, damit sie auch für Außenstehende verstehbar sein wird, wenn Sie nicht nur für Dich persönlich gedacht ist.

Wenn Dein Anliegen sehr komplex ist, dann ist es sinnvoll, auf einem ersten Blatt nur den Hauptbegriff und die Teilgebiete zu schreiben. Zu jedem Teilgebiet kannst Du dann ein weiteres Blatt verwenden, das wiederum Unteräste aufweist. So kannst Du sehr differenziert vorgehen.

Falls Du nach Lösungen zu Problemen suchst, dann ist es sinnvoll die Mindmap noch mit einer anderen Kreativ-Methode zu kombinieren. Wähle dafür einzelne Begriffe aus, die Dir zentral erscheinen und wende sie auf eine andere Kreativ-Methode an, so zum Beispiel die Kopfstandtechnik.

Analogiebrücke

Diese Methode ist abgeleitet aus der Analogietechnik. Bei dieser Methode kannst Du ein Lösungsmuster von einem bereits gelösten Problem auf Dein Problem übertragen.

Analogien sind Sachverhalte, die sich mindestens in einem Merkmal ähneln und somit in einem Zusammenhang zu einander stehen.

Dieser Tatbestand wird genutzt, um Lösungen von einer Problemstellung auf eine andere zu übertragen.

Das Besondere dieser Methode

Ein Anwendungsfeld für die Analogietechnik, ist wie oben schon angeführt zum Beispiel die Bionik. Hier werden die Muster aus der Natur auf Produktentwicklungen übertragen, um neue Lösungen zu finden.

Das bekannteste Beispiel ist wohl der Klettverschluss. Erfunden wurde er von dem Ingenieur George de Mestral. Bei Spaziergängen verfingen sich immer wieder Kletten in den Haaren seines Hundes. Neugierig, warum das so ist, legte er eine Klettfrucht unter einen Mikroskop und entdeckte, dass winzige Häkchen den Klebemechanismus verursachten. Dieses Prinzip wurde dann auf Textilien übertragen, bei denen sich die Häkchen in Schlaufen verfangen. So entstand der Klettverschluss.

Ein weiteres Beispiel:

Der Treibstoffverbrauch von schweren Flugzeugen soll reduziert werden. Also untersuchte ein Forscherteam die Flügel von größeren Vögeln. Beim Steinadler stellten sie fest, dass diese im Gleitflug ihre Handschwingen aufspreizen. Dadurch entstehen kleinere Wirbel, die den Strömungswiderstand reduzieren. Der Strömungswiderstand nimmt ab und der Vogel spart Energie. Dieses Prinzip wurde dann auf den Bau von Tragflügeln größerer Flugzeuge übertragen.

Die Analogietechnik ist somit eine Methode, die ganz besonders sachlich und logisch denkenden Menschen leicht fällt.

So gehst Du vor

- Beschreibe Dein Problem oder Deine Fragestellung, indem Du sie in Einzelteile zerlegst. Bei Prozessen unterteilst du die Handlung in zeitliche Einzelschritte.

- Nimm eines der Einzelteile, das Dir signifikant auffällt und überlege Dir, in welchen Produkten oder Prozessen Du dieses Einzelteil noch finden kannst.

- Dann finde heraus, wie das Problem bei diesem Produkt oder bei diesem Prozess gelöst wurde.

- Übertrage diese Problemlösung auf Deine Herausforderung und finde so zu einer Lösung.

Worauf Du achten solltest

Diese Methode erfordert Denken in ungewohnten Bahnen. Denn wir neigen im Alltag nicht dazu, Muster von einer Sache auf eine andere zu übertragen. Diese Methode ist daher nicht so sehr eine intuitive Methode. Sondern sie erfordert vielmehr logisches und sachliches Vorgehen.

Diese Methode lässt sich auch sehr gut mit der Methode der Mindmap kombinieren, um ähnliche Probleme zu finden, die mindestens ein gemeinsames Einzelteil mit Deiner Problemstellung aufweisen. Schreibe einfach auf ein Blatt alle passenden Begriffe zu dem Einzelteil, die Dir einfallen.

Scamper

Scamper ist eine unkomplizierte Herangehensweise an ein Problem. Durch eine einfache Checkliste mit sieben ausgeklügelten Fragen kann ein Problem von mehreren Perspektiven schnell erfasst werden.

Scamper ist eine eher systematische Herangehensweise. Die Bezeichnung stellt ein Akronym dar, das sich jeweils aus den ersten Buchstaben der Fragen (in Englisch) zusammensetzt, die der Entwickler dieser Methode Bob Eberle 1997 zusammen stellte.

Das Besondere dieser Methode

Ein Anlass, wie gute Ideen entstehen, ist der Austausch mit Menschen, die so ganz anders denken als man selbst. Auf diese Weise werden die eigene Meinung und die eigenen Ansichten in Frage gestellt, was zu ganz neuen Ideen und Gedanken führen kann.

Dabei wird alles, was Du vielleicht bisher als „normal" oder gegeben hingenommen hast, in Frage oder auf den Kopf gestellt. Zusätzlich unterstützt die Scamper die Möglichkeit, unkompliziert und schnell in verschiedene Richtungen weiter zu denken.

So kann Dein Bild von einer Situation sich zunehmend differenzierter gestalten.

So gehst Du vor

Überlege Dir genau, was Deine Problemstellung ist, wenn Du noch keine Fragestellung hast. Solltest Du bereits eine Idee entwickelt haben, dann kannst Du sie nun von unterschiedlichen Seiten her betrachten und überprüfen.

Scamper – die sieben Fragen

SUBSTITUTE/ERSETZEN

Welche einzelnen Komponenten, Materialien oder Personen können ersetzt oder untereinander ausgetauscht werden?

COMBINE/KOMBINIEREN

Welche Funktionen, Angebote, Produkte oder Dienstleistungen lassen sich mit anderen vermischen oder verbinden?

ADAPT/ABÄNDERN

Welche Funktionen oder Teile eines anderen Elements lassen sich verändern?

Modify/Steigern oder Vermindern

Wie lassen sich Farben, Größe, Materialien, Zustände oder Menüpunkte steigern oder vermindern?

Put to another use/ Finde weitere Verwendung(en)

Welche Möglichkeiten gibt es, um einzelne Inhalte oder Elemente für ganz andere Zwecke zu nutzen?

Eliminate/Entfernen

Wie lassen sich Elemente, Komponenten auf ihre Kernfunktion reduzieren oder vereinfachen?

Reverse/Kehre um

Von welchen einzelnen Komponenten kann das Gegenteil davon einfügt werden?

Wie lassen sich Elemente oder Details auch entgegengesetzt nutzen oder die Reihenfolge ändern? Was kann man entfernen oder löschen?

Worauf Du achten solltest

Die Scamper Methode ist auch geeignet, eine Idee auf „Herz und Nieren" zu prüfen. Oft lassen sich dann noch weitere Varianten der ein- und derselben Idee entwickeln, die sehr bereichernd sein können.

Für die Methode selbst nimm' Dir genügend Zeit und lasse jeden einzelnen Punkt emotional und gedanklich auf Dich wirken.

Wenn Dir zu einem Fragebegriff nicht gleich gute oder ungewöhnliche Gedanken kommen, dann lasse diesen Punkt zunächst aus. Vielleicht unterbrichst Du für einige Stunden oder Du machst erst am nächsten Tag weiter.

Es geht auch nicht immer darum, etwas gänzlich Neues zu erfinden. Oft kann eine kleine Veränderung schon erhebliche Verbesserungen mit sich bringen.

Zudem kann diese Methode auch mit einer Mindmap kombiniert werden. Am einfachsten ist es wohl, wenn Du zu jeder einzelnen Fragestellung ein neues Blatt verwendest.

E Abschluss

Feedback-Gespräch

Feedback verhilft uns auf hilfreiche Weise zu mehr Aufmerksamkeit für – bewusst oder nicht – unpassende Verhaltensweisen. Feedback bietet Hilfe und Unterstützung, um sie zu korrigieren und neue zu erlernen. Feedback ist somit eine hervorragende Möglichkeit, über sich selbst und andere zu lernen.

Feedback hilft Dir somit, Deine Fähigkeiten zu verbessern. Er kann Dir helfen, den eigenen blinden Fleck besser zu erkennen. Denn es gibt Dinge bei jedem von uns, die unsere Mitmenschen oft eher sehen als wir selbst. Eine Erklärung, weshalb wir manches bei uns selbst nicht wahrnehmen, ist dass unser Unterbewusstsein uns vor zu großen psychischen Schmerzen schützen möchte.

Dennoch kann es sinnvoll sein und wir sollten uns auch trauen, mehr über uns selbst zu erfahren. Schließlich wollen wir uns als Menschen und als kreative Wesen weiter entwickeln.

Hier in diesem Training geht es um Selbst-Feedback. Damit dies Dir gut gelingt, helfen zwei einfache Regeln.

Sachlich im „Ich-Modus" beschreiben

Feedback ist immer subjektiv, also aus der Sicht der betroffenen Person. Es hilft uns also nicht, wenn wir uns in den eigenen Gefühlen verlieren.

Daher solltest Du möglichst sachlich bleiben und Deine Gefühle ruhig und gelassen beschreiben. Dies gilt auch dann, wenn Du an Ereignisse erinnerst wirst, die Dich wütend oder traurig machen. Stehe aber dazu und sage Dir selbst, wie es ist. Denn wie Du weißt, ist die genaue Problemwahrnehmung der Schlüssel zum Anfang einer Lösung.

Schätze Dich selbst wert

Viele von uns haben schon als Kind gelernt, sich selbst weniger wert zu schätzen als unsere Mitmenschen. Denn es soll sich ja keiner „erheben". Um es kurz zu machen: Schluss mit diesem Bescheidenheitsterror! Du bist ein Kind Gottes und von ihm bedingungslos geliebt und gewertschätzt. So solltest Du Dich selbst sehen und mit Dir selbst umgehen.

Dabei hilft auch Kritik, aber immer so, dass man sich selbst und andere nicht verletzt. Je mehr Du über Dich selbst weißt, desto kompetenter kannst Du handeln. Darum geht es.

Du kannst das Feedback alleine oder mit einer Person Deines Vertrauens durchführen. Der Vorteil, das Feedback zusammen mit einer anderen Person vorzunehmen, ist, dass Du noch ganz andere Gedanken erfahren kannst, die Dich fördern können.

Eine andere Möglichkeit ist, die Antworten schriftlich festzuhalten und sie nach ein paar Wochen nochmals durch zu lesen. Wenn wir etwas Abstand gewonnen haben, sehen wir vieles oft mit mehr Gelassenheit, aber auch mit mehr Genauigkeit.

Hier nun die Feedbackfragen, die Dir helfen können:

Was fiel mir am schwersten?

Was fiel mir am leichtesten?

Was hat mir am meisten Spaß gemacht?

Was wünsche ich mir von meinen Mitmenschen?

Was wünsche ich von mir selbst?

Gibt es eine Verhaltensweise, die ich an mir selbst ändern kann, damit sich das Verhalten meiner Mitmenschen ändert?

Was gönne ich mir nicht?

Was gönne ich mir?

Was sollte ich mir noch gönnen?

Was wünsche ich meinen Mitmenschen?

Habe ich etwas davon, wenn es meinem Mitmenschen gut geht?

Haben meine Mitmenschen etwas davon, wenn es mir gut geht?

Traue ich mir Ungewöhnliches zu?

Wenn nicht – was fehlt noch, damit ich mir Ungewöhnliches zutraue?

Hat jeder von uns ein moralisches Recht, der eigenen Berufung nachzugehen?

Was befürchte ich, wenn ich meine Berufung lebe?

Wenn Geld keine Rolle spielen würde, was würde ich mit meinem Leben machen?

Wie kann ich das in kleinen Schritten umsetzen?

Vielleicht wunderst Du Dich, weil so keine offensichtlichen Fragen zum Thema der Kreativität, aber hingegen viele Fragen zur eigenen Lebenseinstellung und Motivation gestellt werden. Der Grund ist, dass die eigene Persönlichkeitsentwicklung eine große Rolle spielt, wenn es um Kreativität geht.

Ausblick auf eine kreative Gesellschaft

Keine Gesellschaft kann auf Dauer ohne ständige Erneuerungen überleben. Anders gesagt, für eine Gesellschaft ist es essentiell, sich selbst immer wieder zu hinterfragen. So kann sie sich kontinuierlich weiter entwickeln und veraltete Strukturen überkommen.

Für diese Prozesse braucht es immer wieder Offenheit für Neues und selbstverständlich Kreativität, um Problemlösungen und Innovationen für alle Bereiche des gesellschaftlichen Daseins hervor zu bringen.

Daher ist das Engagement eines jeden von uns als Bürger dieser Gesellschaft gefragt.

So gilt es, sich immer wieder große Ziele zu setzen und offen für den Wandel zu bleiben. Traditionen mögen weiterhin ihren Sinn behalten, solange sie sich nicht in reaktionären Strukturen verlieren.

Und – wir sollten uns nicht einschüchtern lassen von all diesen Herausforderungen. Sondern wir sollten mit guter Zuversicht das tun, was wir leisten können und wo wir es auf dem Herzen haben.

Denn jeder kann sich einbringen. „Wenn viele kleine Leute an vielen kleinen Orten viele kleine Dinge tun, können sie das Gesicht der Welt verändern." so lautet ein bekanntes afrikanisches Sprichwort.

Wir können, dürfen und sollten Teil sein einer kreativen Zukunft. Es ist gut, wenn wir den Anspruch und die

Erwartung hegen, dass es nur besser werden kann, wenn wir uns alle ein wenig zusammen engagieren.

Daher sollte die Verantwortung für eine gemeinsame Zukunft nicht immer auf „die Anderen" abgeschoben werden. Denn „die Anderen" – das sind wir.

Eigene Ideen entwickeln und einbringen

Im Allgemeinen lässt sich sagen, dass bürgerschaftliches Engagement geradezu gefordert ist, da der Staat nicht die Ressourcen hat, alle Probleme selbst zu lösen.

Viele Bürger, die sich Gedanken machen, finden oft bessere Lösungen auf Probleme als der Staat, obwohl dieser in der direkten Verantwortung steht. Warum ist das so? Die Antwort liegt auf der Hand: Der Bürger, der unmittelbar vom Problem betroffen ist und seine Details genau kennt, kann deswegen besser Antworten darauf finden, wie dem Problem zu begegnen ist.

Von einer Disziplinar-Gesellschaft zur Partizipationsgesellschaft

Unser Leben hat sich dramatisch verändert in den letzten Jahrzehnten. Wir alle sind aufgefordert, unser Leben viel mehr in die eigene Hand zunehmen als die Generationen zuvor. Bis noch in die 90er Jahre reichte es, wenn man sich den Anforderungen in der Berufswelt kritiklos unterordnete. Viele Menschen neigten dazu, sich selbst einer Art „Obrigkeit" unterzuordnen und sie glaubten daran, dass dann für sie gesorgt sei.

Heute ist das anders. Sich weiterhin einer „Obrigkeit" anzuvertrauen, kann sich sehr nachteilig auswirken. Denn heutzutage sind wir alle gefordert, die Verantwortung für uns selbst zu tragen. Wir können sie nicht mehr einem „Chef" überlassen. So mancher mag dies vielleicht vermissen. Ich persönlich favorisiere die Selbstverantwortung, weil sie ein Maximum an Freiheit und Selbstbestimmung ermöglicht. Beide sind notwendig, damit wir kreativ und innovativ handeln können.

Global denken – lokal handeln

Wir wissen nicht, was die Zukunft bringt. Wir wissen nur, dass sich ständig alles wandelt. Wenn es uns gelingt, eine offene Haltung zu bewahren, die uns befähigt, immer wieder flexibel auf die Anforderungen zu reagieren, so haben wir eine gute Zukunft vor uns. Überall auf der Welt haben Menschen gute Ideen. Dafür ist es wichtig, sich nicht von Pessimisten und Miesmachern ins Boxhorn jagen zu lassen.

Wäre es nicht geradezu genial, ein weltweites Netzwerk zu schaffen für Ideenaustausch und die Umsetzung innovativer Ideen, sodass alle davon profitieren können?

Mache mit! Bleibe offen für eigene Ideen und Ideen anderer und tausche Dich aus! Behalte Deinen Optimismus, dass die Zukunft besser werden kann als die Gegenwart. Noch nie war im Lauf der Geschichte kommunikationsmäßig, technologisch und kulturell so viel möglich wie heute.

Global denken – lokal handeln ist hier ein sehr bekannter Spruch, der an Aktualität nichts verloren hat. Was es braucht, ist eine Leidenschaft für die Schaffung von Lebensqualität für möglichst viele. Eine Leidenschaft durch eine kreative Unzufriedenheit, die sich immer wieder selbst heraus fordert und auch schwirig erscheinende Projekt in Angriff nimmt. Leidenschaft, die einfach nur Freude hat an Neuem und am Verbessern. Es mag ein wenig Selbstüberwindung kosten – aber die Ergebnisse werden mehr als lohnenswert sein!

Abschließen und feiern

Du hast es geschafft! Du bist fleißig und ausdauernd vorgegangen und wirst vielleicht eine Menge neuer Seiten an Dir selbst entdeckt haben.

Und es ist längst noch nicht zu Ende! Lass' das frisch Gelernte einige Wochen und einige Monate lang „sacken" und gehe dann das eine oder das andere Kapitel nochmals durch. Du wirst weitere Facetten und Potentiale an Dir entdecken.

Feiere nun den ersten Erfolg und belohne Dich selbst! Feiern bedeutet nicht, nun alle Verantwortung über Bord zu schmeißen, sondern sich eine Auszeit zu nehmen und etwas Schönes zu genießen. Das kann alles Mögliche sein. Es sollte sich aber vom Alltag abheben. Genieße es bewusst und gönne Dir das Leben, das Gott Dir jeden Tag schenkt! Denn eigentlich sollte unser ganzes Leben jeden Tag ein Fest sein.

Denn wir alle sollten mit Selbstbewusstsein kreativ sein. Denn wie Du weißt, ist Kreativität eine der Schlüsselfähigkeiten unserer Zukunft und die höchste Gabe, die uns Gott geschenkt hat! Jeder von uns ist gefordert, an Gottes Reich schöpferisch mit zu bauen. Das Reich Gottes nimmt daher seinen Ursprung in Deinem Inneren und manifestiert sich dann dementsprechend in Deiner Außenwelt. In dieser Weise begegnen wir Christen uns in himmlischer Einheit.

Stelle daher Dein Licht nicht unter den Scheffel, sondern gehe gezielt neue Projekte an. Rede darüber mit Deinen Freunden, Deinen Familienangehörigen, Deinen Kollegen oder Deinen Bekannten und frage sie nach ihrer Meinung. Behalte aber im Blick, dass viele Deiner Mitmenschen immer noch von den alten restriktiven Strukturen geprägt sind. Daher werden oft schnell Bedenken geäußert, gerade wenn Du neue und originelle Ideen hast. Lass' Dich dennoch nicht entmutigen oder abhalten.

Viele unserer Mitmenschen sind so erzogen worden, dass Pflichtbewusstsein über alles geht. Nur wer seine Pflicht erfüllt, darf auch die Früchte seiner Arbeit genießen. Aber wer definiert eigentlich was Pflicht ist? Ist es nicht oberste Bürgerpflicht, mit guten Ideen unsere Gesellschaft zukunftstüchtig zu machen? Und ist es nicht die Pflicht eines jeden Christen, Gottes Geist in diese Welt zu bringen?

Pflicht und vor allem Ordnung als oberste Leitprinzipien machen das Leben nicht nur langweilig, wenn nicht sogar unmöglich. Denn wie schnell werden aus Pflicht und Ordnung Gesetzlichkeit. So wird dann das Kind mit dem Bade ausgeschüttet.

Sollte Ordnung stattdessen nicht vielmehr ein wichtiges Werkzeug sein, um die Entwicklung guter Ideen zu unterstützen?

Eine Antwort könnte sein, dass es wohl auf die richtige Mischung ankommt. Eine gesunde Balance, zwischen Ordnung und kreativer Energie verbunden mit Verantwortungsbewusstsein, könnte uns allen dienen.

Lade Deine Mitmenschen zur schöpferischen Lebensgestaltung ein. Es gibt so viele Möglichen kreativ zu werden. Wenn jeder nur ein wenig sein kreatives Potential lebt, was für wunderbare Errungenschaften werden geschehen … .

Weitere Informationen, wie Du mit Gesetz der Anziehung
Dein Leben erfolgreich gestaltest:

www.mein-gesetz-der-anziehung.de

Über die Autorin

Von Beruf Diplom-Pädagogin für Erwachsenenbildung, kümmerte sich Anne Djahi längere Zeit im sozialen Bereich um Kinder und Jugendliche. Sie hat einen erwachsenen Sohn und lebt und arbeitet in Freiburg im Breisgau.

2013 entschied sie sich selbstständig zu machen, um frei und kreativ arbeiten zu können. Im Alter von 22 Jahren schenkte Gott ihr die Gabe der Unterscheidung der Geister, die sie selbst zunächst nicht verstand. Diese Gabe ermöglicht es, tiefer in die geistliche Welt zu sehen und zu erkennen, was Gottes Wahrheit ausmacht.

Als sie 2005 zum christlichen Glauben kam, entwickelte sie mehr und mehr ein tiefes Vertrauen zu Gott, dass er es gut mit uns allen meint. Aufgrund dieser Erfahrung entstand der Wunsch, nicht nur sich selbst, sondern vielen Menschen zu helfen, Gott immer mehr kennen zu lernen und in ihm geistlich frei zu werden. Ihre Vision ist die von einer Welt, in der Menschen selbstbestimmt und glücklich ihr Leben gestalten können.

„Kreativ mit Gott" ist ihr drittes Buch, mit dem sie dazu beitragen möchte, das eigene Leben freier, bedeutsamer und mit Freude zu gestalten.